國家社會科學基金重大招標項目
國家社會科學基金冷門絕學研究專項

湖北省公益学术著作
Hubei Special Funds 出版专项资金
for Academic and Public-interest
Publications

U0679503

清代書院課藝選刊

魯小俊 主編

關中書院試帖

[清] 陳僅 選編　陳正博 整理

會文書院課藝初刻

[清] 如山 鑒定　陳正博 整理

總目録

關中書院試帖

前　言

　　關中書院,位於今西安市南門内東側書院門街西口,是明清時期西北書院之冠,創始人是明中葉陝西大儒馮從吾。馮氏主持關中書院,書院極一時之盛,求學者絡繹不絶,每逢馮從吾開講,"環而聽者常過千人,壇坫之盛,曠絶今古"。到清康熙十二年(1673),李顒主持關中書院,書院再度復興,一時"德紳名賢、進士舉貢、文學子衿之眾,環階席而侍,聽者幾千人"。關中書院從明到清,綿延數百年,桃李生輝,名人争至,代不乏人。明、清兩代著名學者蕭輝之、周淑遠、孫景烈、路德、柏景偉等曾講學於此。而關中書院培養出來的學子中,名人亦不勝枚舉,如清代陝西籍第一位狀元王傑,維新派領袖劉光蕡,陝西近代文化名人閻甘園等。

　　嘉慶二十年(1815),童槐由蘭州道居憂,主講關中書院。童槐(1773—1857),字晉三,又字樹眉,號萼君,浙江鄞縣人。嘉慶五年(1800)舉人,十年(1805)進士。歷官陝西道監察御史,江西、山東按察使,通政司副使等職。著有《今白華堂集》《過庭筆記》《從政筆記》《眉叟筆記》等。在關中書院,童槐"衡文之暇,拔士之尤者數十人,專課以試帖"。試帖始於唐代,又稱試律,是一種科舉考試文體。清乾隆朝定制,鄉會試用五言八韻,童試用五言六韻。清代科考試帖出題用經史子集語,或前人詩句、掌故;題目之字,須在首聯點出;韻脚於平聲各韻中擇一字,詩内不許重字,語氣須莊重,還得多用揄揚盛世、潤飾鴻業之語。乾隆中期以降,試帖限制日趨嚴格,逐步八股化。從清代書院學規章程中可見一斑。如云:

3

　　　　律詩之法,淺深、虛實、來路、結束與八股大略相同。用韻
　　　須五字渾成,章法須一氣貫注,一句有擎天之力,一字有倒海
　　　之功。以對偶起者承須流走,以單句起者承須凝重,起勢平緩
　　　者承須健拔,起勢陡峻者承須和平。中腹則精神結聚處,須字
　　　字融煉,渾寫全神。寫景須新,言情須真,説理毋腐,論事毋
　　　迂,詠物毋粘皮帶骨,詠古毋拖泥帶水。後幅或推之愈深,或
　　　放之彌廣,或以比例見義,或以烘托傳神。結句須悠揚不盡,
　　　切忌直率,須冠冕堂皇,切忌衰颯。此應試律詩一篇之大略
　　　也。(程含章《興賢書院教條十則》)

清代書院試帖詩教學大體如《興賢書院教條十則》所言。關中書院
亦不例外,在童槐的不懈講解下,關中書院弟子詩學大進,"隸事屬
對,各極工妙。凡平時簡率佶屈之習,已曠變殆盡"。童槐希望書
院生徒不僅能揣音切韻,摛藻揚華,早拾巍科甲第,更期待生徒"珥
筆承明,扶輪大雅,接武館閣鉅公,爲升平著作之手"。童槐改定、
刊刻優秀試帖,并讓生徒以此爲示範,揣摩學習。然而時間一久,
童槐刊刻的試帖版本便漫漶散佚,不可復得。

　　道光年間,陳僅赴關中做官。陳僅(1787—1868),字餘山,一
字漁珊,號涣山,浙江鄞縣人。嘉慶十八年(1813)舉人,歷任陝西
延長、紫陽、安康、咸寧等縣知縣,官至寧陝廳同知。陳僅長期任職
陝西,在任期間政績卓著,頗得民意。其於政務之餘,潛心治學,吟
詠性情,著有《群經質》《竹林答問》《詩誦》《繼雅堂詩集》等。在陝
西,陳僅聽聞有人合資重校同鄉前輩童槐所編課藝,於是購得一
冊,并把試帖單獨編訂,別爲一卷,即《關中書院試帖》(一卷)。

　　陳僅選編《關中書院試帖》(一卷),清道光三十年(1850)刻本,
繼昌題序卷首,陳僅跋卷末。繼昌,生卒年不詳,拜都氏,字述之,
一字述亭,號蓮龕,長白(今遼寧瀋陽)人,隸滿洲正白旗籍。嘉慶
五年(1800)舉人,與童槐系順天府鄉試同年。歷官浙江布政使、九

江關監督。能書擅畫，書法自趙子昂入手，極似劉墉，擅畫墨蘭。喜制陶瓷，器底題款有"塵定軒"三字。著有《塵定軒詩詞鈔》《塵定軒談粹》等。《關中書院試帖》（一卷）共收錄試帖詩80餘題130餘首，多注明作者籍貫、出身、名字，如"長安舉人李印全月谿""郃陽廩生許三捷石橋"。

《關中書院試帖》（一卷）是童槐選定的關中書院生徒拔尖試帖，是研究關中書院教學、關中書院與科舉關係、清朝試帖詩的重要文獻。此次整理以鄧洪波先生主編的《中國書院文獻叢刊》（國家圖書館出版社、上海科學技術出版社，2018年版）第1輯第97冊影印的道光三十年（1850）刻本爲底本。整理過程中存在的舛訛和不足，尚祈諸君郢正。

目　録

關中書院試帖序

試帖始於唐人，當時名之曰"鎖院體"，規矩準繩，諸法具備。我朝館閣諸公，和聲鳴盛。乾隆中定制，鄉會試用八韻詩，歲科試則皆六韻。肆力制科之學者，無不揣音切韻，摘藻揚華，六十年來，作者輩出，駸駸乎駕宋、金、元、明而上之。三秦土厚水深，士多雄傑邁俗之概。其爲文亦醇樸近古，獨求其熟於詩律者，十以一二覯。嘉慶乙亥，同年童尊君觀察主講關中書院，衡文之暇，拔士之尤者數十人，專課以試帖，旬日一舉，日與辨體裁，譜聲律，孜孜講解不少倦。頃余來校月課，審其文藝，斐然知所裁，而詩學則大進，隸事屬對，各極工妙。凡平時簡率佶屈之習，已曠變殆盡，尊君之善教，諸生之善學，皆足尚也。猶憶辛酉、壬戌間，與諸同年應禮部試時，尊君詩名籍甚，每脫槀，人爭傳寫。蓋其才筆踔絕，醞釀尤厚，故出緒餘以成就後學，亦化倍速功倍多也。今尊君將去關中矣，諸生果謹守師法，精進勿怠，他日珥筆承明，扶輪大雅，接武館閣鉅公，爲升平著作之手，余與尊君有厚望焉。尊君刊《課士詩》，屬余爲序，用書此以弁其簡端。

嘉慶二十年十有一月長白繼昌序

15

闕　題①

科名光化盛，韻事曲江徵。疊餅傳鼇禁，分餐認鶴綾。
豔生邀月座，香飽看花朋。十字搓酥就，單標奪錦曾。
才人圓共聚，此席説誰能。繡隴疑蒸餌，春盤憶試鐙。
臣將腰腹副，天許齒牙矜。待視黃麻草，鶯坡結佩登。

長安舉人李印全月谿

賜餅從天上，春江慶盍朋。四圍新綠紵，一席豔紅綾。
仙有餐霞福，人誇鏤月能。盤花宮錦肖，煖玉御廚蒸。
鳳尾紋初識，鼇頭寵不勝。畫慤名士否，懷憶校書曾。
笑口香風滿，詩腸繡料增。瓊林恩宴曰，喬彩耀瓴棱。

思和求中

郃陽廩生許三捷石橋

保合從乾始，因和見大中。思調民物性，求盡帝王衷。
太素神先養，珍黃理乃通。函三元氣協，執兩道心融。
玉燭長輝寓，珠衡獨倚空。正能符日景，睿早叶時風。
東缶西謳響，前巫後史躬。燮諧徵萬族，皇極會歸同。

落花無言

長安增生洪泗春帆

無言開更落，蘊藉此芳叢。花意隨高下，詩禪悟色空。

---

① 此詩缺題目與作者。

垂垂憐影澹，脈脈卸妝紅。蹤跡游絲外，心情夕照中。
杳然春去日，怨否夜來風。解語渾多事，成蹊不惱公。
香寮俱闃寂，流水任西東。坐對人如菊，相忘造化工。

桃李新陰在鯉庭

華州廩生史念微覺莽

家世栽桃李，門生接戶庭。鶯遷新被蔭，鯉對舊傳經。
詩禮真衣鉢，文章古典型。芳園排日宴，藥榜滿城聽。
樹木知春好，循牆識地靈。袍痕分柳路，香瓣祝椿齡。
老輩頭還黑，兒曹眼定青。桐孫看競秀，明德襲餘馨。

富平生員楊寶樹海山

鯉訓聽如昨，新陰忽滿庭。羅將桃李彥，觀爾梓橋型。
芳譜聯三世，春官守一經。孫枝濃化雨，子舍燦文星。
輩出翹材擅，華滋舊德馨。狄門輸綺冑，孔鼎述遺銘。
此契無言淡，相看有眼青。祝伊他日貴，槐棘列彤廷。

五月鳴蜩

江蘇武進莊逢錦仲尚

纔夏已秋聲，蜋蜩嘒嘒鳴。一枝新綠抱，五月少陰生。
響試吟風逸，心先飲露清。掇之誰擅技，知了自呼名。
繭緒微抽箔，茶湯忽沸鐺。閣寒兼吠蛤，山遠謝流鶯。
似促黃梅節，甯關碧樹情。桐花幺鳳起，剛報羽毛成。

與人一心成大功

浙江慈谿裘琨鳴植藍

麟閣千秋業，龍媒萬里心。衘枚從破敵，入埒蚤輪忱。
顧盼毛俱動，馳驅汗不禁。敢存芻秣志，但聽鼓鼙音。
掉鞅師先犯，歸鞍虜就擒。生依名將老，分結寶刀深。
到即勳銘石，酬宜式鑄金。籌戎先馬政，月捷睿謨欽。

華州廩生史寶徵琛南

壯志驊騮助，頻年大敵臨。功名爭萬里，聲價渺千金。
雲籥邊城迥，風馳戰壘陰。死生堪命託，駕馭識恩深。
相豈皮毛誤，勞真汗血任。衝鋒長努力，裹革亦同心。
已奏犂庭績，還知伏櫪音。嗤他羣列仗，戀戀棧駑忱。

衣裳白雲

西安廩生李長聚省齋

處士歸來日，衣裳浣俗氛。一身輕落葉，五嶽贈閒雲。
本色緇難染，無心製已紛。荔帷黏瑣碎，蘭佩襲氤氳。
臨水攬鷗影，投林趁鶴羣。煙霞原有氣，青紫不須云。
晴絮還披帽，秋羅恰製裙。天孫惜文采，織錦爲殷勤。

咸甯副貢邵楷琴泩

衣裳天際想，縹渺一身雲。脫白山林嬾，披香草樹薰。
煙痕襟上汛，嵐氣袖中分。補衲僧應借，梳翎鶴許羣。
蘋風吹淡淡，蘿月挂紛紛。衫捲青荷葉，笻拖綠玉君。
此生耽冷臥，何處染緇氛。猶恐塵寰客，書空到練裙。

長安監生蔣敦琴香

瀟灑山中客，衣裳半是雲。眼看蒼狗幻，身入白鷗羣。
韓布天工借，齊紈雪影分。六銖拖髣髴，三素曳氤氳。
風翦無心就，花香著意薰。世情疎縞紵，吾志淡元纁。
舒卷應如此，炎涼豈所云。星冠霞佩外，儀表想夫君。

坐臥流水

長安監生蔣綏壽眉軒

澹爾忘機客，飄然不繫舟。心情原白水，坐臥亦清流。
溪盡看雲起，江空伴月罶。苔磯堪疊膝，蘆絮或蒙頭。
西塞千山静，南華一枕秋。詩篇吟采采，塵世夢悠悠。
洲島何人共，津梁此子休。萍蹤偏自在，抵得五湖遊。

朝邑生員劉重昭季芳

泛泛身無著，滔滔水自流。生涯聊坐臥，塵海幾春秋。
濯足臨溪口，安心枕石頭。偶垂嚴子釣，便學少文遊。
蘭渚行吟罷，桃源信宿罶。相呼船上月，同夢舍邊鷗。
濠濮餘空想，滄浪起夕謳。伊人何處訪，別墅蓼花洲。

咸甯生員邵模雲唱

朝市忘懷久，林泉寄跡幽。無心營泛宅，有水趁虛舟。
飛瀑衝衣落，長江到枕流。但隨波上下，不與世沈浮。
漁浦分歌響，仙壺接夢遊。前身明月共，舉眼白雲罶。
孤影憐三拜，平生悟一漚。茫茫人海闊，何處著閒鷗。

廣厦搆衆材

涇陽廩生韓振歐雪坡

羣扶瞻國勢，衆建賴人才。譬搆千間厦，全收百尺材。
棟梁成器久，風雨出山來。龍化斑鱗隱，鸞飛彩翼開。
真堪天下庇，何限日邊栽。考室松兼竹，班朝棘與槐。
經營俱夏屋，氣象此春臺。械樸烝多士，寰瀛至治恢。

儉以養廉

固原舉人翟箖筠心

養心宸旨蘊，崇儉睿題拈。正以羔羊德，懲斯碩鼠占。
多藏貽鑒懍，寡欲引懷恬。饘粥緣常在，金銀氣不沾。
本無厄可漏，奚至壑難厭。食已何曾恥，裝尤陸賈嫌。
貪風從此息，共德自相兼。慶翊黃虞治，含涫遍蔀檐。

月宮花

咸甯廩生邵標錦帆

合譜蟾宮籍，羣芳讓此花。人間原富貴，天上更清華。
玉珮雕雲豔，瓊樓倚鏡斜。香超丹桂種，春在素娥家。
遨處頻酣酒，移來或趁槎。一輪開寶相，四照出靈芽。
及第袍宜錦，封王國是霞。衆仙高詠後，聲價洛陽賒。

書牆暗記移花日

朝邑副貢雷應龍禹門

牆隙須花補，春叢手自移。暗書初種日，預想半開時。

素影供摩拭，紅情冒別離。剝蝸分小篆，夢蜨到新枝。
證取偷雲法，憑商媵酒期。芳名酳淡墨，生意問黃瓷。
地換鴉鋤覺，香回蠟粉知。歲華堪紀麗，豔體更裁詩。

裘琨鳴

春事多飄瞥，冬郎暗主持。粉牆留日記，香國問遷期。
飛白無人見，題紅繫我思。薜蘿隨意拂，蝴蜨幾家移。
芳訊闌能遞，風光筆自知。錦將舒爛漫，畫不藉胭脂。
疊石開新逕，攜鋤憶舊籬。籠紗應有句，延賞客來時。

江蘇武進費開綬佩青

烟雲留古壁，歲事寄疎籬。綠乍分三逕，紅知放幾枝。
午風吹爛漫，子墨染淋漓。畫蜨原同意，塗鴉衹自嗤。
粉痕黏草草，簾影過遲遲。觸撥題蕉興，牽連醉竹期。
蝸曾留玉篆，蘚不沒烏絲。花夢應尋到，籠紗好護持。

秦安廩生李謙撝之

含毫人小立，花事暗推移。未免塗鴉誚，難忘送蜨時。
黃瓷分種種，白堊界絲絲。到眼春三徑，關心筆一枝。
離情雲不定，芳譜月先知。是處栽培好，今番位置宜。
巡廊尋舊迹，面壁問開期。九九圖重看，東風到莫遲。

陳言務去

史念徵

剽竊先生媿，俳優進士文。其陳無我取，所棄是人云。
牙慧羣沾馥，膚詞一埽氛。葫蘆甯有樣，秕稗總須耘。

21

俎謝塵羹餲,錢嗤朽貫分。效顰金粉膩,拾唾紺珠紛。
風發胸先盪,雷同耳厭聞。昌黎全集在,珍重瓣香薰。

邵 模

應有原須有,人云豈亦云。千秋科臼在,八代秕穢紛。
斯道重懸日,爲章妙抉雲。狂瀾驅瘴海,大筆埽魔軍。
生面螭碑仰,聱牙蠹簡分。風流真異樣,花月亦新聞。
試把攻讐喻,還侔闢佛勳。摹韓誰得似,勦襲又塵氛。

稚圭蓬華在山陰

吳鵬翔

疑是山陰道,羣蛙歷亂鳴。白雲長路盡,青草故園生。
兩部添新韻,三間憶舊楹。柳煙尋遠夢,蘿月聽繁聲。
巖壑移文慣,林亭禊事更。寥寥餘鼓吹,寂寂掩柴荆。
梵語當年徹,鄉心此際驚。子華詩愛誦,羈旅共西京。

洪 泗

稚圭堪自況,幽韻足柴荆。作客今秦地,聞蛙舊越城。
池塘菱葉雨,門逕稻花晴。倚杖亭亭影,連村閣閣聲。
烏篷搖月遠,白板納雲輕。巖壑扃何處,官私問此程。
草堂猿鶴意,水郭鷺歐盟。一例添惆悵,無心到玉京。

邵 模

亦有林泉在,難忘鼓吹聲。越吟憑爾和,孔宅託余情。
負郭千巖迴,當門兩部清。水連紅稻漲,家借綠雲成。
斜日籠鵝道,荒煙吠蛤程。移文山闃寂,離緒草縱橫。
一曲湖難乞,雙扉雨又晴。梵音能耳熟,舉目是咸京。

夏雨生衆綠

福建侯官林彭年壽甫

新綠天涯滿，都從一雨生。衆香酣首夏，萬翠罨初晴。
蓬勃宜雷怒，蒼茫混水明。桑鳩村遠近，秧馬路縱橫。
連夜聽纔足，終朝采不成。毯頭滋碧夢，蒺尾罷紅情。
雲意濃猶染，煙姿淡亦呈。梅林斜照外，又見散絲繁。

名下一生勞夢想

郃陽生員雷安定靜夫

衣繡人如見，平生仰俊豪。羨君名譽盛，使我夢魂勞。
孤枕南柯靜，遙天北斗高。登龍長景慕，化蜨幾周遭。
落月疑顏色，生花讓彩毫。飛騰難驥駙，輾轉到雞號。
此會真僥倖，相思久鬱陶。所嗟分袂易，後夜首重搔。

劉重昭

名下無虛士，翩翩擁節旄。神交當日久，夢想此生勞。
粉署疑親歷，紗籠敢並叨。迷離風雨夜，彷彿斗山高。
謝草江花記，荀龍薛鳳遭。啖真殊畫餅，飲已勝醇醪。
秀句還驚我，英聲合冠曹。西窗同翦燭，聽徹曉雞號。

灘響忽高何處雨

江蘇武進費開第梅軒

急雨飛何處，晴灘響忽高。烏雲紅日映，順水逆沙遭。
下瀨爭驅石，尋源定沒篙。龍腥過遠浦，鷗夢破驚濤。

涼陣催銀箭，長風遞玉璥。百重疑樹杪，九派認江皋。

蟹舍喧騰劇，魚天問訊勞。聲聞參造化，樂意勝觀濠。

費開綬

何處天瓢瀉，憑空地籟號。驟傳玉尺漲，密想萬絲繅。

沙石聲俱碎，風雷勢尚豪。汊分村舍亂，涼走夕陽高。

紅蓼衝無數，黃梅潤幾遭。漁梁增寂歷，蛙鼓雜喧嘈。

極目雲中樹，移情海上操。農歌明日聽，纔信雨如膏。

晴日六街山

史寶徵

煙合雲連處，天空海闊情。六街初日上，四面曉山晴。

秦地原如鏡，嵐光不隔城。恍凌塵界出，疑向翠微行。

酒旆斜陽路，人聲碧落程。樓臺紛罨畫，闤市宛蓬瀛。

村樹遙依郭，巖居隱對衡。上燈新月夜，螺髻尚分明。

洪　泗

六街山疊翠，仰首日初晴。屏障排雲秀，煙嵐繞郭清。

市聲空際出，人影畫中行。圓鏡螺鬟聚，方壺鳳闕呈。

綠陰剛掩映，丹巘轉分明。古雪終南積，春雲渭北生。

巷深時駐馬，天霽偶聞鶯。遊屐應須蠟，來朝更出城。

夏雨雨人

劉重昭

雨雨乘槐夏，生生驗穀人。汝霖堪濟旱，我澤本如春。

鏃馬衣牛地，蘋蓑篛笠身。日甯炎畏趙，膏以渥歌郇。

甲令諧流水，丁男邑飲醇。稱師知德大，惟假見功神。
雲萃邦之彥，雷驪霸者民。況徵調幕象，四序總依旬。

曉日潼關四扇開

邵　模

峻嶽瞻王氣，雄關感霸才。一丸驚日曉，四扇倚天開。
鼓角沈邊月，輪蹄破蟄雷。人穿黃道迴，雞唱紫雲回。
樹色連秦鎮，霞光射漢臺。翠分三輔出，紅上九州來。
戎旆喧鐃過，吟鞭數闉纏。堂堂馳筆陣，暉麗仰鴻裁。

李印全

潼水東流處，嚴關鎖鑰開。一輪騰曉日，四扇耆春雷。
仙掌晨光動，津樓曙色催。山河排闥入，雲樹貼天栽。
雉堞雄三輔，烏輪蹴九垓。柝聞秦豫界，輻輳漢唐才。
踞虎城還險，猶龍客不來。晴霄餘紫氣，立馬重徘徊。

片言居要

劉　璽

縱以多為富，還憑簡御紛。片言先了了，衆説漫云云。
朗揭千潭月，高凌八極雲。書林資獺祭，性水得犀分。
鎮紙難搖嶽，抽毫已冠軍。玉淪崑圃惜，羽攬吉光欣。
挈領裘俱振，連綱緒不棼。一篇經旨約，瀝液任傾羣。

孔明廟前有老柏

史念徵

落日夔州路，宗臣廟貌開。雲山名士氣，樹木出羣材。
萬古貞心在，參天黛色來。鳳棲深歲月，龍卧繞風雷。
劫換樓桑杳，春荒杜宇哀。喬柯辭翦伐，遺像拱崔嵬。
香葉村翁酒，蒼煙大將臺。森森何處似，憶向錦城回。

史寶徵

龍卧荒山冷，江流旅客哀。晴霄撐老柏，古廟黯蒼苔。
黛接長陵樹，雲封漢殿材。神功枝榦護，大廈棟梁摧。
香葉春來雨，空心劫後灰。勢盤一羽出，力想萬牛回。
壞壁丹青落，靈風戶牖開。成都桑在否，八百記親栽。

太華夜碧

邵　模

太華真形在，仙都夜氣清。峯從天外落，碧自古來橫。
嵐洗空無影，河流静有聲。雲臺陰四面，石榻冷三更。
箭博金神響，星沈寶掌明。秋光涵上界，塵夢隔西京。
月白窺盆墮，蓮紅秉燭行。興酣搖嶽憒，巨筆盪吟情。

蔣綏壽

太華參詩境，何人朗朗行。三峯秋有影，一碧夜無聲。
月淡金天寫，星寒玉女擎。蓮花開色相，松子滴空明。

昏曉真形在,乾坤老氣橫。近拖關塞紫,斜與斗牛平。
有夢遊曾到,驚人句易成。仙心飛越處,十二遡瑤城。

見竹常相憶

邵　楷

舊雨重相憶,畱連竹一齋。何時佳客到,終日此君偕。
瀟灑人如見,平安信豈乖。琴樽稀伴侶,鸞鳳自朋儕。
勁節虛心是,停雲落月皆。詩窗開徑畔,吟袖倚天涯。
萬个凝青眼,三秋感素懷。無聊閒挂頰,新筍又穿階。

富平生員何允正雲菴

獨抱離羣感,蕭疏坐冷齋。寄懷閒種竹,見竹更興懷。
埽徑清於水,迎門綠到柴。祇今三益遠,自昔七賢偕。
松叟還臨舍,梅兄亦傍階。此君同調叶,印友好音乖。
渺渺霜葭思,依依玉筍排。何時重把臂,林下託吟鞵。

江蘇靖江朱鈐雅卓羣

靜對惟修竹,知君動別懷。見同春樹感,憶過草堂偕。
孤直邀誰賞,蕭疏獨爾儕。素交思雨後,青士共天涯。
深處畱難住,叢邊待已乖。尊還林下設,客想坐中佳。
鶴和陰長在,鸞吟韻許諧。雲箋題冷句,好與寄高齋。

萬選青錢

史念徵

夢鷟舒文紫,飛蚨選色青。十年磨鐵意,九府范銅形。
火候鑪中驗,金聲地上聽。多才甯鑄錯,儲寶竟通靈。

27

銖兩隨時稱，陶鎔幾度經。神真阿堵見，勢不湧泉停。
標奪誇黃甲，籯遺笑白丁。綠袍新學士，聲價重槐廳。

甯遠拔員趙炳儒虎文

文戰同錢賈，逢時必選青。丹鑪分火色，白水寫泉形。
利市符佳話，開元想舊型。仰山曾鑄卯，鎖院好租丁。
濫取防鵝眼，高飛認鶩翎。售疑人有癖，鍊訝筆通靈。
一頌邀神助，千名冠佛經。賢才原國寶，金榜耀彤廷。

朝邑生員穆永春聚芳

學士文章貴，名場萬選經。多錢真善賈，具眼盡垂青。
金榜新科第，銅圜舊典型。五銖爭鄭重，一貫喜瓏璁。
舉世方兄事，斯文有物靈。鑄成煩鏤管，飛處落槐廳。
泉府分官樣，書倉發秘扃。傳鈔剛脫手，紙價洛陽聽。

惟有長松見少年

蔣綏壽

獨坐長松下，癯然一老僧。問誰花甲紀，笑指木仙徵。
曩昔禪關叩，依稀古榦凭。龍盤窺五蘊，鶴宿聽三乘。
此日俱成叟，無人可作朋。霜皮留爾在，風骨記吾曾。
託鉢仍餐粒，看雲當策藤。少年來又見，法嗣認高曾。

李長聚

少小來蕭寺，今成白髮僧。山中當日見，松外更誰曾。
閱世支離叟，忘年耐久朋。煙霞留法相，瓶鉢記師承。

28

本性堅猶昔，童顏駐可能。感逾三宿戀，量到十圍增。
蓮社更番換，祇園歷劫仍。青青長照眼，還有一龕燈。

夜劍不隱光

洪　泗

舊是豐城劍，提攜到朔方。本來宵煥彩，何肯夜韜光。
照室淩珠氣，騰霄挫斗芒。暗風過練瞥，秋水逼燈涼。
躍躍金精王，沈沈玉漏長。雞聲催起舞，龍影失潛藏。
萬怪驚神物，三更夢戰場。太平時偃武，終願晦緱囊。

茶爽添詩句

莊逢錦

但覺吟懷爽，詩因啜茗添。漱芳詞倍潤，選句韻能恬。
清籟當風發，靈芽有露沾。錦囊分綺麗，玉椀助香嚴。
水月仙心湧，天花佛手拈。瓶笙催曲院，煙篆裊疎簾。
新稿蠅頭細，殘膏雀舌纖。攜鎗修竹裏，高詠足銷炎。

朱鈴雅

小坐延秋爽，甌香鉢韻兼。詩清宜竹刻，句好爲茶添。
脣齒泉流覺，煙雲墨妙覘。靜參魚眼候，潤到兔毫尖。
桐葉新題滿，松花後□厭。涼風生栩栩，豔雪灑纖纖。
碾罷膏餘臼，吟成月上簾。何人愁吻渴，撚斷數莖髯。

蔣　敦

茶爽吟魂覺，詩狂茗癖兼。靈泉瓷銚瀹，佳句錦囊添。
佛頂真疑灌，仙心本自恬。松風生兩袖，花雨入重簾。

韻好瓶笙和，漚圓筆采霑。餘香留舌本，清思露眉尖。
與擬酣紅友，神纔醒黑甜。新篇誰最富，試院憶蘇髯。

樓無一面不當山

富平廩生楊三衙鱣堂

樓檻四周凭，峰峰攬不勝。若教虛一面，便覺負三層。
位置山靈愜，收羅匠巧憑。近真浮玉几，遠只隔花塍。
補處嫌雲贅，銜時礙月升。仙居長讀畫，佛髻靜園燈。
境訝通寰絕，天疑拔宅昇。更誰貪近水，詩骨本崚嶒。

漢案戶

裘琨鳴

玉繩西轉候，低案到吟龕。漢並天船仰，人疑月戶探。
榆街秋耿耿，梧府夜潭潭。絡角明窗北，簽牙映斗南。
星槎堪直上，河鼓恰橫擔。卷幔通虛白，成橋界蔚藍。
微雲宜點綴，止水想泓涵。棟牖昭回象，為章教澤覃。

靈州生員尹熾子壽

河漢將西指，涼宵案戶南。影隨珠斗轉，度向玉繩參。
中道分農候，低簽照夜談。豆棚瓜架絡，金氣水精含。
波欲通簾押，流疑到枕函。勢垂天下半，光隱月初三。
傍砌蛩纖語，填橋鵲已諳。微雲秋思澹，捲幔坐吟龕。

白菊開時最不眠

史寶微

最耐蕭晨伴，秋英本色推。白衣人共淡，紅燭夜相陪。

冷入霜前圃，清和月下杯。閒愁花睡去，凉夢蜨飛回。
枕謝游仙覺，香從瘦玉來。配餐黃嬭遜，對榻素心開。
漏外惟蛩響，吟邊有雁催。底嫌風露滿，三徑即瑤臺。

瓦　松

莊逢錦

連甍堪仰矚，瓵甋間蒙茸。根託魚鱗瓦，名同鳳尾松。
去天原尺五，得地儼山重。密蔭千間廈，寒淩十月冬。
廟堂依鐵鳳，風雨混茅龍。生棟疑前代，如簪想遠峰。
檐頭能聳翠，澗底惜潛蹤。何限秦宮裏，憑高不受封。

同州生員嚴六德敬亭

瓦合真凡植，非松喚作松。有痕交翡翠，無榦學虬龍。
瓵建參天勢，巏分拔地蹤。岑樓羣木占，簷溜細濤舂。
釵股牆端插，鍼頭屋漏縫。蘿牽增瑣碎，藤蓋益蓬鬆。
雨露常經歲，冰霜不傲冬。翹瞻堯棟瑞，黛色最葰蘢。

九穀斯豐

富平副貢武鴻基維之

歌豐詳穀入，華黍廣微篇。植本繁夫九，登斯溢畝千。
倉人分掌數，太史併書年。星綠縱橫野，雲黃上下天。
四秋參未半，八蜡紀甯全。穧向占魚後，詒從命扈先。
比穰金貢牧，餘瑞玉生田。綏萬宸謨裕，耕桑逮木棉。

大富貴亦壽考

史念微

帝弼通仙籍，天孫降紫宸。上方宣吉語，下界識前因。
廿四中書考，三千甲第新。華夷尊尚父，社稷祚元臣。
讖幻逾松夢，聲清似柳神。英雄搔首問，福命自天申。
此夕橋填鵲，他年閣畫麟。功名兼晚節，今古有誰倫。

裘琨鳴

極富非常貴，來娛壽考身。高門開華嶽，秘籙發星津。
位業三生重，韶華百歲新。寶車珂里月，仙樂錦堂春。
階下侯王諾，房中帝子姻。眉齊排笏案，頷點弄錫人。
兩語都持贈，千秋想並臻。大年兼大福，杳杳奈天神。

史寶徵

天上方填鵲，人間欲繪麟。兩朝元老讖，七夕帝孫陳。
曠古中興典，長生佐命身。汾陽連晝錦，唐室蔭靈椿。
歌舞三千伎，恩榮九十春。兒郎皆福將，廝養亦名臣。
自昔徵如願，于今望若神。英雄多未遇，何處問前因。

支機石

雷安定

乘槎人已返，犯斗事無疑。石向君平問，機曾織女支。
夫容填錦陣，絡角挂綃帷。五色雲霞質，千秋杼柚資。
歸裝須爾壓，頑性有仙知。出袖峰巒小，穿梭洞穴奇。
浪痕餘宿海，星彩認昆池。轉首銀河迥，涼宵散雨絲。

今朝似減六街塵

邵　標

馳逐紅塵起，朝朝席帽偕。俄傳歸矮屋，頓似埽通街。
雲路仙寰出，秋空曉鏡揩。綠煙明巷柳，黃雪淨宮槐。
野馬吹纔息，春蠶食定皆。風光還本地，物色到羣儕。
車或停斜逕，門多掩小齋。誰家場圃裏，青草鹿鳴諧。

劉重昭

走馬長安市，喧囂是六街。如何塵頓減，却似鏡新揩。
圍鎖青雲客，閑關白鼻騧。依稀霑小雨，珍重踏吟鞵。
里想鳴珂静，坊誇碎錦皆。散仙行處好，淨域此中佳。
月地清宵近，雲程後日排。條條鋪頓繡，爲待看花儕。

郡齋多嶽客

史念徵

郡齋清似水，嶽客喜頻過。禽向餘年適，龔黃暇日多。
一官琴與鶴，四座笠兼蓑。衙静排春柳，山寒掩夕蘿。
白衣殊不俗，朱履漫同科。詩酒因緣契，烟霞氣味和。
庭前花塸逕，門外雀張羅。燕寢凝香夜，聯牀夢潤阿。

弟子得桂

咸甯廩生馬步月桂一

得桂師門賀，清吟爲李頻。蟾宫仙籍貴，馬帳舊緣親。
香妙堂無隱，花濃筆有神。春風曾此坐，明月是前身。

攀處高天仰，栽來化雨新。一枝秋最豔，千木夢原真。
法曲霓裳譜，芳叢鏡水濱。連蜷枯樹老，山意尚雷人。

韓振歐

江上登科錄，枯僧聽亦真。探香高第手，充隱小山身。
栽處疑無種，傳來本是薪。輸心三拜後，得意九秋辰。
藥榜看如夢，樨禪悟入神。一枝供絳帳，十載話冰輪。
桃李期來歲，青藍誚俗人。此莊荒不得，底事灌園親。

三無私

大荔生員劉煦少白

覆載兼臨照，函三道乃充。普施常對待，懸象恰參同。
語大都無憾，生明本自公。渾毬包上下，合璧混西東。
高厚資重耀，升恆表太空。民生知岡外，王字悟連中。
妙準人綱立，平將法界融。御寰昭奉若，萬物遂私衷。

千樹蟬聲落日中

三水拔貢蒲增科曉窗

亂蟬催落日，碧樹共蕭疏。響夕千林靜，鳴秋萬慮虛。
無邊開罨畫，不住轉繰車。人在蒼茫裏，風生斷續餘。
暝煙分鹿砦，空翠隱蝸廬。響答漁樵唱，喧爭鳥雀墟。
吟殘黃葉逕，曳過白雲居。送客餘清聽，柴門月上初。

穆永春

樹色蒼然合，蟬聲噪夕墟。涼煙新雨後，吟興晚晴初。
有響千巖警，無情一碧虛。別枝搖曳處，返照淡濃餘。

飲露心難倦，經霜葉漸疎。歸禽争唱和，卧犢暫依於。
蛙蚓聽俱徹，林巒盡不如。黃昏羣籟静，一客到山居。

竹露滴清響

武功生員徐學海小滄

三更羣籟息，細響竹間生。露下人初倚，林梢月有聲。
此君幽在韻，遥夜澹無情。自孕珠千顆，誰敲石一枰。
螢黏俱錯落，鶴聽最分明。小雨梧桐歇，空階荇藻横。
隔花遲漏箭，對屋和瓶笙。方碧仙壺迥，晞陽曉景清。

青門種瓜

史念徵

大地非秦土，瓜田萬古畱。青門今作叟，紫綬昔封侯。
匏繫孤臣恨，禾黍故國秋。一廛韋曲傍，數畝渭川流。
蔬圃連雲架，蟲天帶月耰。鎮心憐熱客，没齒感先疇。
剥果餘生在，分茅此志休。身名堪市隱，漫羡采芝游。

洪　泗

荷鍤城東路，遺民識故侯。地經秦代戍，瓜種漢家秋。
根蒂延三輔，身名有一邱。蜜房消世味，冰谷阻仙游。
老圃分疆小，餘生抱蔓休。菜畦門共閉，茅土籍初收。
斜日憐翁仲，西風話項劉。清貧君莫笑，文貝爛盈疇。

劉重昭

匏繫憐兹土，瓜分競列侯。青門空舊業，白髮種新愁。
星宿中原布，風煙古戍畱。三仙城市隱，一摘黍禾秋。

35

地老天荒臏，花紅葉素伴。甘瓠俱瀽落，苦李共沈浮。
味尚東陵美，生堪老圃休。無端蕭相附，小傳葛藤樛。

史寶徵

甘苦餘瓜味，生涯一隴謀。青門新漢輔，白叟故秦侯。
西土延縣意，東陵摘蔓愁。疆分葵菽圃，灌引漆沮流。
匏宿天畱劫，桑田海變秋。河山如代戌，身世此荒疇。
夷蕨人同隱，商芝跡與伴。猜嫌深納履，蕭相爾知不。

采菊東籬下

洪　泗

栗里無人到，黃花放幾叢。行行宜徑畔，采采此籬東。
秋老園丁業，香清典午風。籃攜朝露溼，笠戴夕陽紅。
六枳疏難掩，三芝秀許同。霜前簪鬢好，枝底折腰工。
詩境南山遠，琴心北牖通。從茲芳譜裏，高隱媲陶公。

猶有黃花晚節香

鄂縣增生陳維禮竹谿

一笑無羣豔，秋客淡不妨。花如人有節，晚覺圃猶香。
對影懷春蟪，分枝管夕陽。天心畱正色，世眼到孤芳。
荒草先生迮，清風宰相堂。著銘餘綺麗，得壽肯頹唐。
伴少千林葉，恩深九月霜。采來誰並蓄，艾納與都梁。

承露盤

滿洲生員舒興阿誠齋

珠蜜三秋降，金莖萬古看。露承仙掌上，盤聳吉雲端。

36

鶴夢中宵警，龍身碧落蟠。援來天有酒，擎出月如丸。
銅范辛彝古，瓊英甲帳寒。羣臣齊上壽，阿母勸加餐。
鉛淚他時滴，霞觴一例殘。商銘前代製，浴德勝金丹。

費開綬

不信如朝露，長生託一盤。扣難通日喻，承乃配霞餐。
玉乳三霄滴，銅花五夜攢。無聲珠錯落，有影月團圞。
金鑄形纔固，瓊飛夢易寒。綵囊分瑞色，寶甕異仙丹。
荷葢淩秋出，芝莖徹曙看。清高千載挹，宮闕是蓬巒。

重簾不卷酉香久

史念徵

珠箔低垂處，猊香寶鼎添。如蘭噴甲煎，吹絮隔丁簾。
銀蒜無風曳，鵝梨有夢甜。室延三日坐，浪織一痕纖。
草色苔階映，茶煙竹榻兼。龍涎宜伴月，燕尾偶棲檐。
盥手傾薇露，熏籠聽漏籤。研朱酉子墨，此境悟楞嚴。

十月先開嶺上梅

咸甯廩生陳嘉訓梧垣

香國春無信，梅花別一天。憑高原得氣，向煖不爭妍。
入夜催微雪，淩寒破舊煙。此山修幾度，有客訪前緣。
晚菊憐同調，孤松伴獨眠。誰鋤明月下，自笑白雲巔。
鼎蕭心猶嬾，羅浮夢已仙。也知陽月好，凡卉可能先。

朱鈐雅

十月春猶小，梅邊信已傳。探香銅井路，吹氣玉峰巔。

似殿羣芳後，能超百卉前。山寒迎驛使，雲煖護癯仙。
雪北香南影，橙黃橘綠天。嘉平開豔紀，和靖罷高眠。
有鶴常孤守，無花可鬭妍。上林千萬樹，鵲報一枝先。

莊逢錦

冬嶺催芳訊，梅開獨占先。幽尋良月候，小有艷陽天。
影伴孤松立，香醒老鶴眠。百花頭上放，一幟望中懸。
岫北寒初動，溪南信早傳。圖成堪數未，修到定生前。
數點標塵外，千枝凍水邊。和羹應有待，含笑問癯仙。

倚樹聽流泉

米脂廩生艾長垣龍峰

古岸倚蒼虬，潺潺與耳謀。百重經夜雨，幾尺畫靈湫。
雲意隨人定，琴心入澗秋。翻疑聲在樹，只當枕斯流。
煙瀉魚天靜，風喧鳥夢幽。落紅香繞舄，寒綠影過頭。
林外剛通彴，村邊或喚舟。欲從枯木問，清到出山不。

橫槊賦詩

史寶徵

橫槊大江東，高吟月墮空。四言新樂府，千古莽英雄。
酒氣連兵氣，天風激水風。狼牙歌拍按，虎帳漏聲終。
金鐵飛鳴處，山川感慨中。一篇凌漢代，合座頌周公。
壁任來宵赤，箋餘此夕紅。煙消灰滅後，詞壇付髯翁。

日送歸朝客

蔣　敦

嵩洛趨朝近，時時有客歸。殷勤東道醆，絡繹使臣騑。
舊事詢青瑣，前程上紫微。晨星催劍珮，春樹繞旌旗。
坐惜香猶在，心隨鳥共飛。短長垂柳盡，中外故人違。
離曲剛三疊，吟鞭又一揮。題襟詩句在，名士數京畿。

李長聚

那堪辭闕後，排日送征騑。舊雨兼新雨，朝衣此客衣。
短長程得得，今昔柳依依。南浦情何限，西清願不違。
螭頭聽曉漏，馬上趁斜暉。內召登仙似，長甾作郡非。
參差宮樹遠，重疊暮雲飛。寄語鴛鸞侶，乘風我欲歸。

延川廩生曹維斗南一

朝士多如許，勞勞獨送歸。東都支孔道，北斗望京畿。
昨夜仙珂響，今朝驛柳飛。秋山驄馬路，春雪侍臣衣。
釃酒雲連帳，含香月滿闈。塵中餘候吏，亭畔每斜暉。
贈策真無數，投簪想亦稀。幾人休澣日，修簡彩毫揮。

柳邊人歇待船歸

大荔廩生呂應熊渭飛

斜日垂楊岸，人呼渡口船。依依臨淺水，款款住征鞭。
隔浦漁歌唱，長條客思牽。帆迴湘水曲，樹鎖灞橋煙。
目極魚天迥，聲聽雁櫓圓。落霞孤鶩外，楓葉荻花邊。
繫纜知何處，攀枝憶昔年。龍池春色好，利涉正需賢。

水晶燈籠

邵 模

雅有燈籠號，賢名宋史垂。儼同金鏡朗，真是水晶爲。
寶物輝常發，虛靈照豈疲。胸懷通日月，世界盡玻璃。
不夜圓珠活，調元玉燭宜。明非矜察察，光本燦離離。
障礙空諸有，纖毫見未遺。臣心惟矢此，爽鑑慕劉隨。

李印全

西蜀傳通守，晶燈比象奇。虛中能自照，清夜亦難欺。
質向名山琢，光於止水宜。宦情非石轉，心事此檠知。
玉案輝同滿，雲屏影不敧。條冰銜可借，舉燭喻無疑。
治譜千秋鑑，靈臺一點窺。調時欽聖哲，兩作煥重離。

華陰生員李億鳳山

妙製燈籠擅，賢名別駕推。晶毬分匠巧，水鑑有民知。
智火中虛叶，清冰外映宜。夜珠輝自滿，暗室影難欺。
域本空明極，情無閃爍疑。和時華燭耀，照路福星垂。
朗朗符心鏡，昭昭在口碑。虞廷隆考績，計吏盡劉隨。

日月似有事

邵 楷

日月緣何事，恩恩晝夜行。無端開上界，終古賦長征。
瞥眼雙丸影，回頭萬里程。隙駒繩莫繫，顧兔利誰爭。
禮只煩賓餞，情難問昃盈。光陰真過客，天地總勞生。
星使同于役，雲車助所營。醉鄉人易老，促侶一樽傾。

同官廩生趙次昌黎亭

無爲歸大造，懸象本貞明。郤爲陰堪惜，翻疑事共營。
移將雙影瞥，催得四時成。碧落終年路，青空不夜城。
馳驅天上使，來往世間情。未識何時有，常教背我行。
代明仍代謝，斯邁更斯征。幸覯升恆治，祥輝合璧呈。

壹發五豝

慶陽副貢張鈺其園

發彼看豝小，葭蓬地習薆。疊雙輪中雋，得五驗生稠。
毛色雲堋外，翎聲露草頭。折應同嶽鹿，失豈誠梁驟。
白蹢猶交錯，黃間不再抽。數禽休亥誤，在藪信庚由。
曰友羣兼萃，于公獻以儔。周阹蘭塞布，講武寓仁猷。

石魚鳴吼

長安舉人楊廷錫澹園

欲助傾盆勢，囂聲震碧池。神魚甯待叩，顏石亦先知。
鮒轍深憐涸，黿更好代支。羣陰通注脤，一奮裂之而。
水立雲垂處，天驚雨逗時。本同飛燕質，殊有化龍思。
柱礎看俱潤，山鐘應更奇。真形滄海上，呼吸感濟醫。

二十八宿羅心胸

文縣廩生張培蘭雨軒

四七瞻星紀，文章煥大羅。郤從靈府見，如向列躔過。
心絡天臺鏡，胸吞宿海波。捫堪周角軫，披直朗羲娥。
玉管循閭悉，珠霄落歁多。漢邊憑手抉，空際有聲摩。
作作芒如此，便便笥若何。服膺奎藻麗，著述藐詞科。

一客荷樵

史念徵

伴客惟樵斧，行行曲澗濱。蒼苔雙屐冷，紅葉一肩春。
果落憑猿拾，枝空有鶴嗔。歌聲虛籟合，擔影夕陽親。
好鳥皆朋友，青山作主人。畫圖開仄徑，蹤跡問勞薪。
采藥雲中侶，聞棋局外身。煙蘿誰共話，漁者候前津。

一客聽琴

史寶徵

一榻坐憒憒，移情悄不禁。絲桐孤客耳，山水兩人心。
小沼游魚出，長空落雁沈。到來剛入韻，惜此少知音。
有約偕涼月，無言對綠陰。松聲如替和，鶴意亦沈吟。
指法絃中悟，聞根象外尋。曲終還別去，座上冷瑤琴。

明月照驪山

邵　標

驪山千古在，皓月此宵盈。舊恨銷烽火，清光接渭城。
函關雞未唱，華嶽雨初晴。鏡拭温泉白，珠嵌繡嶺明。
梨園歌扇杳，榆社客燈清。樹色三秦見，秋心萬户生。
平陵空有影，潼水静無聲。何處朝元閣，殘鐘墮五更。

蔣綏壽

亘古驪山峙，中宵兔魄生。遠侵蕭寺夢，斜照故宮情。
秦鏡磨雲出，唐花泫露明。嶺痕搖彩繡，泉響冷華清。

樓閣三霄迥，關河一望平。鳥棲榆火社，人靜櫟陽城。
此夕開銀界，當時拱玉京。夜深誰弔古，幽壑亂蟲鳴。

蘭芷升庭

富平生員閻士望葭洲

植品方蘭芷，彤廷藻鑑憑。信芳懷此度，聚上謂之升。
榦識披榛是，叢知採藥曾。湘雲移影活，沅水送香澄。
芝閣分三秀，蕡階占一層。會逢明目聖，類合素心朋。
得氣幽彌貴，揚名白最稱。試瞻槐棘位，慶叶俊髦烝。

高歌夜半雪壓廬

朝邑廩生劉廷極象臣

雪色暗低空，書燈一點紅。歌聲天地滿，夜氣鬼神通。
蝸小藏虛境，鶯孤嘯烈風。縱橫千卷裏，飛舞萬花中。
應節壺敲缺，撐空壁立雄。古懷餘湛寂，非想入鴻濛。
檐底梅開未，街前柝響終。地鑪誰手撥，呷喔笑冬烘。

虛堂懸鏡

朝邑增生李步瀛仙洲

政府堂清切，心臺鏡朗瑩。涵虛消眾翳，懸象得羣情。
影透螭龍見，光寒雀鼠驚。庭閒花自照，案靜月常明。
攬古稱金鑑，當空映玉衡。澄觀非有術，習聽本無聲。
室亦能生白，壺應許共清。睿謨申彌教，大智徹寰瀛。

43

風　門

咸甯生員張崇文德堂

門材資廣廈，風氣肅長安。應節三冬閉，生春一座歡。

室留虛白易，塵到頓紅難。牆影銅烏隔，簷聲鐵馬殘。

露痕窺月暈，遞信讓花欄。題鳳人先避，登龍士不寒。

似將波静息，任作海深看。四闢從天上，陽和布澤寬。

冰　牀

盩厔生員路天甲拜黃

不信行程幻，翻疑卧具新。往來浮玉局，上下語冰人。

清比堂開鑑，寒於井凍銀。客曾流當枕，地認月爲輪。

寂寂狐聽處，遷遷蜼化身。好栖心一片，那惹夢三春。

體用舟車備，銜名闈署親。瀛臺冬扈蹕，穩爲水嬉陳。

火　硯

史念徵

吹得雲煙活，春歸冷硯中。文章資火候，位置近冬烘。

池漾温泉碧，田生煖玉紅。餘曛冰案借，和氣石交通。

筆采唐花擬，心兵即墨攻。欲焚難爾棄，親炙有人同。

竈憶研煤法，鑪分鑄鐵功。御香頻染惹，捧出蘂珠宮。

凍　筆

邵　楷

誰似龍鬢友，相依到歲寒。健真千氣象，凍益老波瀾。

雪案排晨霽，風簷擱夜闌。對牀花夢冷，觸紙葉聲乾。
栗尾摧何損，薑芽展邵難。呵憑生氣運，吟或聳肩看。
結字訛飛白，成文擬化丹。冰甌供淨滌，好待試春官。

長安生員李應熊夢吉

自列文房首，三冬業許殫。趨風簪赤管，和凍寫烏闌。
判事從温室，中書只冷官。文原垂露潤，操爲飲冰寒。
得氣呵誠易，藏鋒用獨難。幾行凝翠墨，一架冷紅珊。
晝日應知煖，生花總不殘。彤廷春侍翰，福海轉龍瀾。

讀未見書

朝邑生員李會庚文川

夙擅神童號，猶多未見書。琅函中秘讀，玉署列仙居。
夢似遊曾到，修憐慧不如。齋心庚子拜，叢目丙丁儲。
繼晷聽銅漏，題籤認右渠。藏山真富有，捫腹更空虛。
鴻寶千秋在，龍威一覽餘。作人逢聖代，四庫彙瓊琚。

長安生員劉羥接三

才子掄江夏，聲華綺歲初。爲郎登祕閣，應詔讀奇書。
福地娜環夢，神編宛委儲。童牙驚目障，枵腹矢心虛。
開卷紛仙蠹，挑燈静漏魚。荆州圖借得，椒舉禮茫如。
青紫叩原倖，丹黄業敢疏。他年忠孝著，纔不負□□。

同州生員車應範聚亭

郎中新應韶，柱下舊藏書。地勝名山裏，人迷望道初。
帝心憐幼小，臣腹媿空疏。深許探淵海，奇驚闖太虛。

夜分藜杖火，天半玉堂居。晉豕真愁舛，童烏悔得譽。
十行難了了，三接自徐徐。美富宸章蘊，鑽研共直廬。

隨時愛景光

同州生員劉士良彥卿

判袂河梁後，迢迢李與蘇。年時淹北國，光景惜東隅。
努力崇明德，關情到晚途。黃金論頃刻，白水逝須臾。
我輩千秋業，天涯七尺軀。隨陽應看雁，過隙漫同駒。
漏轉遙心共，神凝落照俱。致書仍此意，目送暮雲徂。

萬燭當樓寶扇開

渭南生員王三錫星鐔

蠟鳳五雲中，龍樓倚碧空。兩行分寶扇，萬炬映珠櫳。
花送天顏喜，燈搖月地紅。神山鼇背日，仙樂翠翎風。
煙冪流蘇漾，星陳閣道通。銀花長樂苑，銅漏未央宮。
御仗三霄轉，恩暉九域同。撤蓮承寵渥，珥筆侍璇穹。

鄠縣生員張元陛松泉

瓊樓仙仗列，高障試燈風。開處花迎扇，傳來燭滿宮。
魚龍天上舞，星斗樹稍籠。下輦香成海，飛觴月墮空。
螭頭縈篆碧，雉尾拂雲紅。人影仙臺裏，恩光寶炬中。
昇平今夕繪，笑語下方通。廚簨晨颷轉，初陽麗紫穹。

五風十雨

長安廩生劉兆鵬圖南

調幕徵穹昃，和甘毉德施。雨將風並驗，五與十相差。

應候通呼吸，依旬感透滋。百花開有信，一水畫如期。
雲朵悠颶見，煇占杳靄知。試輪弦及望，幾慰畢同箕。
地數并天數，寒時遞燠時。宸章排廿四，元氣總淋漓。

枯桑生晝寒

大荔生員玉愔琴堂

高閣獨憑欄，桑陰幾樹乾。綠雲猶墮影，白晝忽凝寒。
沃若顏俱謝，淒其歲既殫。天風吹陌上，夜雪釀林端。
把酒田家話，提籠婦事闌。箏邊憐指冷，牆下怯衣單。
十畝秋蕭索，三泉思杳漫。佇囘陽谷煖，青葆蔭團圞。

咸甯生員張文通傲蓮

冥冥招提境，天風白晝寒。空桑依錫杖，凍日淡金丸。
偃葢秋容肅，疏鐘午夢闌。聳肩僧衲破，到眼佛花殘。
宅畔炊煙冷，牆頭落葉乾。變同滄海易，煖借綠天難。
料峭詩中覺，蕭疏畫裏看。榮枯都不問，空色證蒲團。

岐陽石鼓

咸甯生員陳煥甲惕菴

中興周室紀，勝蹟仰蒐岐。伐石堪□鼓，鐫功亦類碑。
摩娑蝌斗篆，翔翥鳳鸞姿。頑性難□響，靈書妙應規。
斑斕同郜鼎，典重邁商彝。劫避□縣火，歌參二雅詩。
韓蘇分賞鑒，唐宋幾遷移。幸際同文世，遺經太學垂。

雪臥龍庭猛將碑

史念徵

猛將今安在，旌功舊蹟遺。凍雲迷古塞，大雪臥殘碑。
星落三邊後，花飛十月時。平沙鴻印爪，片石豹留皮。
塏仗寒輝掩，氈廬世事移。玉龍猶自戰，鹽虎只成癡。
恍惚長繩曳，淒涼畫角吹。磨崖空復爾，沒字想如斯。

鄠縣生員楊雲龍廬山

飄灑邊庭雪，橫斜猛將碑。戰龍鱗甲退，臥虎爪牙奇。
片石淪煙草，同雲黯鼓旗。字迷飛白處，人憶大風時。
霜塞名馳早，沙場夢醒遲。英雄寒淚墮，瀚海劫灰遺。
燕薊餘弓勁，周齊話黍離。皇圖恢二萬，星日炳西陲。

富平生員白學易友元

大雪弓刀滿，龍庭轉鬭時。只今傳猛將，何處問殘碑。
冷臥花千片，穿扶日一規。功名銷白戰，姓氏枉青垂。
沈鏃痕俱沒，磨崖勢並敧。鵝毛摧朔氣，燕頷想雄姿。
玉塞長埋爾，冰天共語誰。回頭麟閣畫，慘淡總如斯。

梅雪爭春未肯降

邵楷

春意梅先覺，春光雪欲爭。相將鏖白戰，未肯結寒盟。
素質臨風皎，幽香澈骨清。豔欺三徑窄，冷壓一枝橫。
趣或驚鷗鷺，情如鬭□□。天心無厚薄，涼意太分明。
評屢煩詩伯，降難仗酒兵。惟期真契結，呈瑞更調羹。

野店寒無客

蒲城增生王涉川漾舟

野店寒如此,終朝過客無。斜通村徑僻,危坐主人孤。
落日停游騎,炊煙静晚廚。荒雞啼缺月,倦馬嚙殘芻。
霜跡長橋認,塵裝一榻鋪。杯盤招影共,兒女聽鄰呼。
寂不聞征鐸,涼惟警夜烏。燈前鄉思集,酣睡笑奚奴。

富平廩生李岑東川

落葉深山滿,寒雞野店呼。車聲行路少,客影到門孤。
燈照題詩壁,塵封賣酒壚。解裝衾刺水,問市僕提壺。
名利情應淡,關山歲已徂。伴人惟響柝,隔屋是啼烏。
霜驛朝來又,煙村望裏無。羨他田父樂,臘日對妻孥。

共登青雲梯

朱鈐雅今名金質

山色青如許,雲梯約共登。峰剛隨路轉,天若可階升。
海日回頭見,仙風快意乘。最高觀已止,不墮志堪憑。
月窟探非遠,星津望更澄。同人忘拾級,凡界隔千層。
笑語空中落,煙霞象外淩。帝閽瞻五色,慶叶衆髦烝。

郃陽生員王在洽莘原

本是青雲客,仙梯快共登。奮身摩翠壁,揮手謝紅藤。
氣象瞻千呂,翺翔慶盍朋。鉤連天姥近,接引月娥升。

珠履空中接，霞城望裏憑。飄飄衣袂翠，一一羽儀矜。
捧日心情洽，遊山足力勝。皇衢開訣蕩，九萬任搏鵬。

畫橋碧陰

韓城生員郭燦英春山

雁齒湖橋迴，中流曉翠沈。雲煙分界畫，水水聚春陰。
路曲迷紅板，天低印碧潯。一亭青罩笠，半舸綠眠琴。
遠渡崇蘭沚，橫塘野竹林。虹從何處落，月到此間深。
玉鏡闌前影，瓊簫柳外音。蓬壺仙館邃，魚藻愜宸襟。

所其無逸

長安增生金蔭森曉林

御屏昭作所，講幄闡知依。繼德時無逸，成功日有巍。
齋心凝昊睨，盥手誦前徽。春舉丹陵典，秋行紫塞圍。
四推耕以劭，三考察於微。引對金鑾曙，批章玉漏稀。
詩文勤刻晷，箴記惕求衣。兵戢瀾安後，宸乾總勅幾。

門生門下見門生

郃陽廩生宋斗南維一

曩日親掄士，今誇得士榮。座隅新座主，門下小門生。
老眼更番閱，時花別樣明。登龍三世話，薦鶚一般情。
衣鉢當年付，冠裳此會迎。氣仍通沆瀣，美可濟簪纓。
落落青雲在，紛紛絳帳盈。後來應視昔，幾輩復持衡。

詩書敦夙好

長安生員張廷桂薈堂

先生何所好，夙契在詩書。清詠茇經祖，良猷漆簡虛。
讀非求甚解，訓乃比新畬。琴旨安絃契，觴謨下酒儲。
羲皇通典誥，山海證蟲魚。五斗腰難折，三冬志未疏。
問奇來稚子，把卷坐吾廬。至道該千古，宸修仰味餘。

率馬以驥

長安生員焦澍芝紫田

馬羣須表率，驥德最調良。用以開先路，都應效上襄。
西徠歌汗赤，獨出領飛黃。足力齊中廄，蹄塵軼大荒。
風雲迴顧視，槽櫪振昂藏。自昔龍爲友，從茲駑亦臧。
鮮卑通語熟，孤竹引途長。聖代人師重，甄材喻九方。

鯨魚跋浪滄溟開

興平廩生趙漢章東橋

碧海鯨誰掣，滄溟劵爾開。潛藏橫怒氣，跋扈恣雄才。
雪屋撐千丈，天池盝一杯。耀鱗騰旭日，掉尾劈晴雷。
巨響鏗鐘發，前身鍊石來。勢排三島出，力蹴六鼇回。
斫地侔神物，翻風競大材。眼中人磊落，瀛苑好追陪。

春醉釣人扶

興平廩生陳楷西涯

春日江頭醉，行行釣者扶。煙波逢故友，桑柘認歸途。

51

露頂風欹帽，收竿月滿湖。渾忘賒酒價，那管買魚租。
紅杏青蒲外，輕蓑弱笠俱。人應疑散祀，鳥自喚提壺。
潦倒卬須友，支離世笑吾。帶醒偏善謔，蠻語問姆隅。

靈州廩生俞建文輔堂

麴部真狂客，鱸鄉舊酒徒。杯常邀月醉，身每倩人扶。
紅雨帘遮杏，清風笠戴蒲。柘陰尋路晚，漁火隔船呼。
水靜收灘網，蕈香憶市壚。幾曾醒白眼，便欲喚青奴。
顧影忘言處，低頭解讓無。玉山頹復倚，一幅謫仙圖。

楊柳樓臺

岐山廩貢高世猷雲亭

垂柳垂楊裏，樓臺望不真。畫來金共碧，藏得笑和顰。
井藻青舍浪，簾波綠瀉春。眠當聽雨後，舞到避風辰。
城郭簫聲遠，池塘鑑影新。恰臨盤馬路，定有倚闌人。
忽忽今朝見，青青昔日因。層梯原可上，染汁會逢神。

跋①

　　姻丈童尊君先生，鴻才碩學，歷歷中外。嘉慶乙亥，由蘭州道居憂，主講關中書院，嘗梓課藝，以爲多士式。歲既久，版漫澧散佚，不可復得。道光間，僅筮仕關中，調任安康。今庚戌秋，以薦舉赴省，將北行，聞秦中士方合資重校先生課藝，急購得一冊，攜至都，以贈先生哲嗣薇研太史。適太史彙刊先生全集，而以試帖爲先路，念關中課藝內試帖大都爲先生所改定，不可不垂諸永久，因附刊於後，別爲一卷，以識本來，刻已成矣。是舉也，燕秦數千里，不謀而同時，於以見文章之出世有期，而教澤之深入人心，歷久不渝，有如是耶？抑僅更有願者，吾鄉人才林立，後先相望，惟於試帖一途多深自韜晦，不肯問世，此士林之憾也。異日歸山，當網羅諸作，分集編次，以惠後學。僅雖老，猶將從事焉，太史其有同心否？

　　　　　　　　　　　　　　　道光庚戌季秋餘山陳僅

---

①"跋"字原缺。

會文書院課藝初刻

光緒七年二月開雕

前　言

　　《會文書院課藝初刻》(不分卷)是清代天津府會文書院乙亥 (1875)、丙子(1876)、丁丑(1877)三年考課八股文集,由時任長蘆 鹽運使如山鑒定,如山、馬繩武分別作序,光緒七年(1881)二月 開雕。

　　如山(1811—?),赫舍里氏,字冠九,號古稀男子,別號壽南,滿 洲鑲藍旗人。道光十八年(1838)進士,光緒二年(1876)接任長蘆 鹽運使,官至浙江按察使、四川布政使。如山潜心内典,工書善畫, 書入北朝堂奥,山水畫筆意蒼渾,墨色淹潤,指頭畫古奇蒼莽,晚年 深悟潑墨法。著有《寫秋軒詩存》《藥彈室隨筆》等。

　　馬繩武(1822—1887),安徽懷寧人,字松圃、筱圃,道光二十四 年(1844)進士,任翰林院庶吉士、編修、侍讀等,後署理天津知府。 光緒十年(1884)升内閣學士,光緒十三年(1887)出任江西放賑欽 差大臣,加户部侍郎銜,後病殁於欽差大臣任上。

　　會文書院於同治十三年(1874)開建,改天津府文廟後院聖祠 爲講堂,西側建學舍三楹,光緒元年(1875)二月建成。據《建立會 文書院碑記》記載,會文書院創建之初乃由邑紳婁舉信提議,經鹽 運使祝塏批准,"由運庫雜款内,歲撥津蚨千緡,著爲常例,作每年 膏火、雜費之用",此外還有津門官紳捐贈。除去建造院舍,購買器 具和教學費用,"其餘資發質庫生息,以備不急之需,如再有不敷, 仍由本府(天津府)籌款補足"。光緒五年(1879),因應課的舉人人 數增多,知府馬繩武責成商人嚴克寬、黄世熙負責,從儒學後院向

57

外開拓，買民房數處，添建房舍、藏書室，并在書院内設立啓蒙塾館——會文總塾和崇正總塾。院内設義學總塾五處，分別是：津海關道所設崇正總塾、崇敬總塾、崇文總塾，長蘆運司設會文總塾，府署設興讓總塾。時人徐士鑾在《敬鄉筆述》記載："會文書院設有義學總塾五處。關道憲三塾：曰崇正，陳子敬觀察欽所立；曰崇敬，曰崇文，黎召民觀察兆棠續立。運憲一塾：曰會文，署運司馬松圃太守繩武所立。府尊一塾：曰興讓，亦馬太守所立，皆准貢生婁舉信、蘆綱總商嚴克寬稟請也。"這些義學總塾在城内外設立分塾二十處，分塾收貧寒蒙童識字讀書，再升入總塾。20 世紀初，新式教育逐漸取代傳統書院。光緒二十八年（1902）十月，會文書院弟子嚴范孫、林墨青、王竹林等將分散的私塾集中於書院内，創立天津最早的小學——民立第一小學堂，後改爲私立第一小學校，也就是延續下來的南開區倉廠街小學。

會文書院有三大特點。一是不設山長。書院聘請"公正廉明，堪以經理"的婁舉信負責查核"院内一切應辦事宜"。同時約請"舉人、教習知縣陳塏，宗學教習陳法録，舉人楊光儀，候選訓導王錫恩，廩貢李金海，附貢繆嗣龍輪流值年，協同幫辦"。二是專課舉人。知府馬繩武主持書院修建，他認爲天津雖然已經有了"輔仁""問津""三取"三座書院，但這些書院"皆爲生童而設，孝廉不與焉"。因此會文書院辦學之初，就明確主張"專課舉人"。不同的分工，也使得天津府書院教育格局更加完備。三是分府輪課。書院考課辦法是每歲課試日期按運司、津海關道、天津道、天津知府、天津縣令輪轉，"每課獎賞，各官自備"。也就是説，由這些官府衙門輪流督考，并負責考課費用和獎金的籌措。

會文書院課試目的是訓練"堪以應制科者"，它明確提出"制藝代聖賢立言，以清真雅正爲上"，而"文涉寒儉，貌爲高古者"不選入課藝集。課藝内容全部源自四書，共 49 題 80 篇。其中《大學》12

題 20 篇,《論語》24 題 41 篇,《中庸》5 題 8 篇,《孟子》8 題 11 篇。課藝卷首有生徒肄業姓氏,列出"將課藝送院備選者 24 人",其中齊學瀛未見有文收錄;此外又列出"乙亥、丙子、丁丑三年内肄業者"49 人。每篇作者前皆注明考官姓氏、官職和生徒等級、名次,如"林都轉課正取一名王兆蓉""蕭邑尊課正取一名徐維域""李中堂課正取二名王恩淮"。課藝題目字數長短參差,簡短者如"成於樂""爲國以禮""一匡天下",稍長者如"有斐君子,如切如磋,如琢如磨,瑟兮僴兮,赫兮喧兮,有斐君子",最長者達 81 字:"仲弓問仁。子曰:出門如見大賓,使民如承大祭。己所不欲,勿施於人。在邦無怨,在家無怨。仲弓曰:雍雖不敏,請事斯語矣。司馬牛問仁。子曰:仁者其言也訒。曰:其言也訒,斯謂之仁矣乎? 子曰:爲之難,言之得無訒乎?"。文末有考官評點。如李鴻章所課源於《論語》,以"百姓足,君孰與不足? 百姓不足,君孰與足"爲題。徐維域課卷文末有"李中堂評:思精筆健,格老氣蒼,饒有名家風派"。王恩淮的課卷上,也可見"李中堂評:筆意雋妙,清氣盤旋"。

三年中,應課學員有 73 人,課藝例言稱"課藝僅列二十四人",實則收錄 23 人,共 80 篇入選。光緒元年(1875)舉人趙鑾揚入選最多,共 19 篇;同治六年(1867)舉人王恩淮次之,有 11 篇;同治六年(1867)舉人王兆蓉以 8 篇排名第三。隨後,解開元、林駿元皆 7 篇,尹淮 6 篇,徐維域 3 篇,李春棣、張彭齡、沈士鑅皆 2 篇,孔傳勳、高炳辰、陳宗鳳、梅映奎、李伯勳、何聚元、朱起鵬、陳價瀚、王廷珍、劉鳳洲、鄒廷翰、劉彭年、王銘恩各 1 篇。其中,中進士有 5 人,王恩淮光緒三年(1877)進士、孔傳勳光緒三年(1877)進士、沈士鑅光緒六年(1880)進士、劉彭年光緒十五年(1889)進士、趙鑾揚光緒十八年(1892)進士。

《會文書院課藝初刻》(不分卷)是從舉人考課中遴選出來的優秀課藝,是研究會文書院教學、會文書院與科舉關係、天津府科舉的重要文獻。此次整理以鄧洪波先生主編的《中國書院文獻叢刊》（國家圖書館出版社、上海科學技術出版社，2018 年版）第 1 輯第 11 册影印的清光緒七年（1881）刻本爲底本，同時參照魯小俊老師的《清代書院課藝總集敍録》（武漢大學出版社，2015 年版）。整理過程中存在的舛訛和不足，尚祈諸君郢正。

目　録

序

童時入家塾，見程子"可惜舉業壞了多少人"語，心竊疑之。比束髮受書，与同學少年涉獵書史，角勝於考證之場，是古非今，相尚名高，薄舉業，不屑為。咲向之所疑者不足疑，且以漢學、宋學互相標榜，而譏時招忌，弗顾也。迨通藉後，稍悟向之所疑者固非，即不疑所疑者亦非也。夫舉業制義，代聖賢立言，自明迄今，以之取士者，垂五百年，人才輩出，至我朝為尤盛。如蔚州魏文毅、柏鄉魏敏果、安溪李文貞、睢州湯文正、平湖陸清憲，以及桐城方氏、金壇王氏、宜興儲氏，卓然為名臣，為碩儒，文章事業輝暎後先，相為表裏者，代不乏人。良以言者心之聲，行之符，能言聖賢之言者，必能心聖賢之心，行聖賢之行，非徒為弋取科名地也。

丁丑夏，予董齪長蘆，天津會文書院為郡中舉人肄業所，流寓者亦與焉。官是邦者，月各有課。董事等舉乙亥、丙子、丁丑課文，薈萃成册，將付手民，屬予為序。曾子曰："君子以文會友，以友輔仁。"苟肄業諸君顧名思義，不薄舉業，不務名高，以漢學、宋學相砥礪，必能力培根柢，各抒蘊蓄，發為文章，以成國家有用之材。它日名臣碩儒，胥於是基焉，不靳靳以會文畢乃事也，是則予之所厚望也夫。

光緒辛巳中和節，滿洲赫舍里氏如山壽南甫識于長蘆齪署。

序

　　同治庚午，奉命來守津郡，閱課士於輔仁書院。值鄉賢沈文和選輔仁課藝，見其情文相生，清真雅正，足表津邑人文之盛，與蘆臺課藝後先輝映，洵鉅製也。第課藝均係生童，而舉人不與焉。光緒紀元，邑貢生婁允孚^{舉信}稟請創建會文書院於文廟後隙地，仿照揚州孝廉堂成式，專課舉人。適祝觀察爽庭^{墰攝}都轉篆，余爲之請，都轉遂轉詳合肥李爵相，於鹽課雜款項下，歲撥津蚨千緡，爲肄業膏火資，都轉並率同寅捐廉。時丁藩伯樂山^{壽昌}以兵備丁憂去職，亦從衆捐白金若干，凡易津蚨八千有奇，建學舍，置器用，購書籍，餘六千緡，撥交質庫生息，課試經費，遂由是出。紳士經理其事者，婁君允孚，又舉孝廉陳挹爽^墰、楊香崆^{光儀}、陳竹卿^{法錄}，貢生繆子雲^{嗣龍}、王竹溪^{錫恩}、李北溟^{金海}輪年值事。於乙亥二月，爵相開課，洎閱歲而人士滋多。值余權都轉篆，復於雜款項下歲增津蚨五百緡，而津貼遂裕如也。計考課三歲肄業，列正取課藝繕清送院備選者，得百四十餘篇。董事恐日久散失，擬刊《初編》，以公同好。適丁藩伯權津關道篆，慨捐白金若干爲剞劂費。是時如壽南山爲長蘆都轉，課士會文書院，董事以三歲課藝呈閱，請操選政。

　　事猶未蒇，而婁允孚等以改建大門、增修學舍相請。光緒五年仲夏，如都轉偕余履勘地基，估計工程，自都轉倡捐，丁藩伯暨鄭觀察玉萱^{藻如}、劉觀案崑圖^{秉琳}與余均爲出資，其有不敷，紳商士庶捐足之，計得白金二千四百有奇，閱五月而工告成。凡官廨、講堂、學舍、門屏、池橋、廊檻俱備。斯舉也，允孚總理其事，輪年值事者與贊成焉。復舉賈明府子貞^{炳元}、華貢生壽莊^械、梅明經鶴山^{寶辰}、李茂才子莆書麟分任值年之勞。惟是刱新因舊，諸務紛紜。迨光緒辛巳仲春，精釐就緒，勒石紀事。適課藝之選，如都轉鑒定得八十首，名爲《會文書院課藝初刻》。其先後登黃甲、入禮曹、擢詞林，如孔繍堂傳勳、王晉賢恩湛、沈紹乾士鑠，均經肄業於初建三年内也。

　第思聖學昌明，文教日盛，惟願肄業諸君體各憲暨董事彙集成帙之意，自光緒四年以後，將正取課卷送院備選，三年一刻，並爵相決科試卷，薈萃成編，由《初刻》以逮《二刻》《三刻》，相續弗替，是所厚望者也。余覊守保陽，備聞斯舉，因昔曾躬膺其際也，特援筆而記之，俾閱者悉其原委云。

　光緒辛巳端陽節，懷甯馬繩武松圃識。

例　言

一　制藝代聖賢立言，以清真雅正爲上。是選取文品不高不低，學有根柢，堪以應制科者爲率。其有文涉寒儉，貌爲高古者，概不入選。

一　一題數藝者，以原取名次先後爲序，於每篇姓氏上標明，不復軒輊其間。

一　原評業已詳明，間有加批者，亦必備載，不復另有品評，致形贅敘。

一　國家最重科名，諸君子應課者，各有科分，故立肄業姓氏一册，詳細注明。其由副榜應課者，雖另科中式正榜，必先標明。其正榜應課者，雖先中副榜，不復追敘。其有流寓應課者，亦必備載，以志人文之盛。

一　三年中應課者七十三人，而課藝僅列二十四人。以課藝送院備選者，祇有此數，現就已送者選刊。此三年内，如有願將課藝備選者，陸續送院，俟續刻選入。

一　每居三年，選刻一次，相續永久。

會文書院課藝初刻目録

大學

論語

節用而愛	一句	尹　湺
子曰學而	二章	王恩湺
子曰學而	二章	梅映奎
子曰學而	二章	李伯勳
曰禮後乎	殷禮	趙鑾揚
子曰士志	二章	解開元
子曰士志	二章	何聚元
子曰參乎	一節	王恩湺
子曰參乎	一節	徐維域
子曰參乎	一節	朱起鵬
子曰君子	二章	林駿元
子曰君子	二章	趙鑾揚
子貢曰夫	二章	林駿元
子貢曰夫	二章	趙鑾揚
子貢曰如	於仁	趙鑾揚
飯疏食飲	中矣	解開元
飯疏食飲	中矣	王兆蓉
子曰文莫	二章	沈士鑠
可以託六	二句	王恩湺
成於樂	一句	尹　湺
子曰歲寒	二章	王恩湺
子曰歲寒	二章	林駿元
子路曾皙	侍坐	林駿元
子路曾皙	侍坐	陳价翰
子路曾皙	侍坐	王廷珍

爲國以禮	一句	尹　湞
爲國以禮	一句	王恩湞
仲弓問仁	二章	趙鑾揚
百姓足君	四句	徐維域
百姓足君	四句	王恩湞
夫達也者	二節	王兆蓉
夫達也者	二節	解開元
君子以文	二句	劉鳳洲
君子以文	二句	鄒廷翰
子路問政	無倦	趙鑾揚
切切偲偲	一句	王恩湞
一匡天下	一句	趙鑾揚
子曰君子	二章	趙鑾揚
子曰君子	二章	李春棣
子張書諸	一句	趙鑾揚
學也禄在	二句	王恩湞

中庸

脩身以道	二句	趙鑾揚
思脩身不	二句	王兆蓉
知仁勇三	三句	王兆蓉
知仁勇三	三句	尹　湞
曲能有誠	四句	林駿元
君子之道	二句	沈士鑠
君子之道	二句	趙鑾揚
君子之道	二句	尹　湞

孟子

秋省斂而	一句	劉彭年
去邠踰梁	居焉	王銘恩
其爲氣也	餒也	王兆蓉
其爲氣也	餒也	尹　湗
國家閒暇	之矣	解開元
隘與不恭	二句	趙鑾揚
隘與不恭	二句	王兆蓉
天之高也	日至	趙鑾揚
故觀於海	二句	王兆蓉
孟子曰君	全章	趙鑾揚
孟子曰人	一節	解開元

肄業姓氏

梅映奎鶴孫	己未	
陳价翰墨林	辛酉	
何聚元星五	辛酉副榜	
李伯勳建山	壬戌副榜	
林駿元杏農	甲子	
王兆蓉午亭	甲子	
鄒廷翰葵軒	丁卯	
王恩湗晉賢	丁卯	丁丑翰林
王廷珍聘卿	庚午	
徐維域少雲	庚午	
孔傳勳黼堂	庚午	丁丑進士
尹　湗澄甫	癸酉	

沈士鑠紹乾	癸酉	庚辰翰林
劉鳳洲瀛士	癸酉	
齊學瀛稻菴	癸酉副榜	己卯
張彭齡芝庭	乙亥解元	
李春棣嵩生	乙亥	
趙鑾揚芷卿	乙亥	
高炳辰煥卿	丙子解元	
王銘恩黼宸	丙子	
劉彭年信菴	丙子	
陳宗鳳桐巢	丙子	
解開元梅訪原名開先	戊午副榜	丙子
朱起鵬藜閣大興原名啟煦	壬戌副榜	己卯

以上姓氏係將課藝送院備選者。

王德興敬修	辛亥	
李振五硯孫	乙卯	
于士祜雲菴	乙卯副榜	
叢恩溥雨村	辛酉	
陳世鏞欣山	辛酉	
王　煜少蓮	壬戌	
孫葆炘繡山	甲子	
張恩溥少甫	甲子	
陳世銳鑑泉	甲子	
馮濟澤汝舟	甲子	
王榮第蓉浦	甲子	
查乘漢閬仙	丁卯副榜	
李　銓少棠	庚午	
華　彬琴士	庚午	

楊培之心栽	癸酉	
劉良璧蘊章	癸酉	
李鳳藻小岩	癸酉	
倪文焌桂泉	癸酉	
華俊聲少蘭	乙亥	
劉向榮欣卿	乙亥	
孔傳緒蔭堂	乙亥	
徐承翰樹屏	乙亥	
趙掌文指衡	乙亥	
蔡　樞振鈞	乙亥	
盧蔭棠存甘	乙亥	
董世澂淑三	乙亥	
李雲章喬卿	乙亥副榜	
解元書文川	乙亥副榜	
許鳳翥儀廷	癸酉副榜	丙子
張景嵐笑山	丙子	
蘇兆澐雨亭	丙子	
李聯元翰孫	丙子	
陳恩壽仙坡	丙子	
王賡雲子奇	丙子	
謝廷珍惠春	丙子	
劉蔭椿子年	丙子	
苑家楨覲臣	丙子副榜	
徐隆康福山漢軍	壬子	
劉東皋經畬宛平	辛酉	
胡廷琮大興	癸酉	
張春山小仙河間	癸酉	

楊志濂評蓮江蘇　　　　乙亥

蔣學薄澤三浙江　　　　乙亥

楊玉如任邱　　　　　　乙亥

錢錫賓浙江　　　　　　乙亥

王鵬九翼亭寶坻　　　　乙亥副榜

朱秉筠鶴庭廣東　　　　乙亥副榜

李寶鋆品三河間　　　　丙子

張鴻壽菊槎　　　　　　己未　　　　　　欽賜舉人

　僅就乙亥、丙子、丁丑三年內肄業者,備載其近年肄業姓氏,俟續刻補入。

在止於至善，知止而后有定

（林都轉課正取一名）

王兆蓉

至善而期於止，則有定者恃乎知矣。夫第曰止至善，則至善果安在乎？故欲有定者，非知止不爲功。且吾人爲學，理貴有定程也，而心貴有定境。顧理有定程，而無定力以策其心，則心既游移，有不廢於半途者寡矣。亦心有定境，而無定識以明其理，則理既恍惚，有不迷於歧途者寡矣。明德新民，入大學者有定向矣。顧成己成人，既知此心之祈嚮，而淑身淑世，尤必定造極之程途。今夫明德之極，至精也；新民之極，至神也。所謂至善也，是在於止之者。性命有至精之域，吾心不專於所向斯已耳。今既所向在止矣，向之而德之所昧者，見人復見天，則其理精；見天不見人，則其理愈精。夫至善者，精而益精之理也，第求其迹則已淺。化導有至神之境，吾志不壹於所趨斯已耳。今既所趨在止矣，趨之而民之所染者，革之而無復沿，則其化神；革之而無可革，則其化愈神。夫至善者，神乎其神之化也。僅域於近，則又卑於此，舍其淺而求其深，則必專其心於至精矣。然亦思其理精，而吾之精心或不克研其精，安知不視至精爲不精乎？更安知不視不精爲至精乎？茫茫其莫辨矣。而猶專其心者，無有也。於此去其卑而登其高，則必壹其志於至神矣。然亦思其化神，而吾之神明或不克窮其神，安知不以不神者而謂爲至神乎？又安知不別有所謂至神者以混其至神乎？搖搖其莫決矣，而猶壹其志者，無有也。何也？不知止焉故也。如其知之，吾知其心專矣。夫以盡心知性之至精也，第憑知以爲斷，本屬惝恍而無憑，然而察理之心不昧，斯存理之心不移也。保合知太和之原，而以知覺言，明者不得而惑之矣；物則知降衷之蘊，而以寂滅言，德者不得而搖之矣。而猶恐其無定衡也，必至精之理尚隔膜耳。如其知之，吾知其志壹矣。夫以範圍曲成之至神也，第憑知以爲衡，尚屬虛懸而無薄；然而萬化可以觀其變，即一心可以守其常也。知渾樸可期諸一世，而驪虞小補無從淆其識矣；知禮樂可俟諸百年，而近利急功無從奪其見矣；而猶恐其無定情也，必至神之化尚茫昧耳。知止而后有定，欲止至善者，不可識從入之途乎！

掃去膚浮，獨抒精義，非研理夙深，未能猝辦。（原評）
説本義經經義，筆亦挺拔。（又評）

在止於至善，知止而后有定

（林都轉課正取二名）

解開元

學以至善爲歸，知之而志有定矣。蓋至善者，明新之極，而即志之所賴以定也。不止於是，不可言學。然非知止，又何能有定哉？且聖賢無得半之功修，貴造其極；聖賢無游移之學問，貴端其趨，而極要未可輕造也。至當之則，以全量擴之，能惟一，自能惟精，而趨要未能遽端也。從入之途，以灼見求之，有卓識自有卓力。當然之理，不以炯然之識濟之，非惟淺近自囿也，抑亦嚮往無從矣。大學之道，既在明德親民矣，有志者其亦可審端致力，自定其趨向也乎？然而域小成者陋也，圖淺效者拘。功不極於聖功，不足語純粹也；道不綜諸王道，不足語大同也。有至善焉，是非止焉不可。夫功不臻乎其極，則人己之分量多虧。古大人學本一貫，志期與聖神同量，治期與三代同風，其未止而必求其止者，是正所謂知至至之也，義之精也。詣不極乎其精，則體用之全功必歉。古大人學有

79

同原，天地之心自我立，帝王之道自我行，其既止而不遷其止者，是正所謂知終終之也，仁之熟也，大學之道又在於此。此可見至善所在，即止所在矣。且夫論其功，則道在於止；而論其效，則道在於知。蓋人生之學業，最莫患乎苟且以自安，或半途而中廢，或見異而思遷。粹美未臻，則造就所成，或轉流於小就。而吾儒之志趣，又莫患乎冒昧以從事。惑於曲説者半，惑於俗學者半，中存無主，則修途一誤，安得不入於歧途？無他，志之不定，皆由止之不知也。吾試爲知止者推其效焉。大凡人有欲赴之程，自不難從容以漸進，顧未審其程而赴之，與熟審其程而赴之，其明昧固有辨矣。夫大中至正之途，研之愈精，淺嘗者幾無從測其底蘊。一自知之者辨晰既精，直有以窮體用之大原，而是非不惑。天下惟理不惑者，而后志不移也。全其天不雜以人，存其理不參以欲，是惟知止者有此意象耳。大凡人有欲歷之境，自不難邁往而直前，顧未諳其境而歷之，與既諳其境而歷之，其疑信又有分矣。夫内聖外王之量，擴充靡盡，亦孰從窺其端倪？一自知之者貫通既久，直有以達天人之極致，而疑似不揺。天下惟見不揺者，而后趨不易也。正其誼不謀其利，明其道不計其功，要非知止者無此功效耳。其有定也，於知止后驗之。甚矣，至善之不可不止也；甚矣，止之不可不知也。

沙明水淨，理境上乘。（原評）

古之欲明明德於天下者

（蕭邑尊課正取一名）

徐維域

合天下皆明德，古人非徒有其欲也。夫曰天下，則盡乎民矣；曰明明德，則賅乎新矣。古人於是，豈徒有其欲者歟？聖經意謂吾言《大學》，一曰明德，再曰新民，誠以天下同此民，天下即同此德也。夫德之功不自天下始，故以言明復言新者，見學有各殊；而德之量必自天下終，故以言明不言新者，見學無或異。皇敬德而與天下徧爲之，覺其學不皆屬乎此，而必計及乎此者，三代以來，胥是道也。不然，德爲天下同具之德，即爲天下共明之德，而明其德於天下者，若不敢遽求之天下，何哉？蓋嘗稽諸古而得之矣。古之時，一人垂拱，羣倫之望治，早有徧德之思，而立極綏猷，合天下以鼓舞化裁，而無稍間缺，一己獨盡者此德，衆人共盡者亦此德也。寸衷而陶五方之風氣，則精神所蘊有宏焉者矣。古之時，師教既立，萬物之歸懷，皆孚一德之化，而導禮和樂，統天下以裁成陶淑而無所偏私。斂之一心者此明，放之六合者亦此明也。一念而通萬類之性情，則宥密所縈有大焉者矣。是蓋有所欲焉，欲非徒存虛願也。而一念之起，民物環之矣。嘗有疏虞致誚，畏綜理天下之難；簡默相安，無徧給天下之念。究之志不宏而措施無準，所欲爲甚隘也，其能充周於天下乎？欲亦非恃矜情也，而衷懷之係，覆載同之矣。又有侈口圖功，視天下無難於待理；張皇喜事，忽天下爲易於圖成。究之思不切而輕躁爲虞，所欲非不奢也，其能屬望於天下乎？而欲之者究非過慮也，明明德至約也。而於天下則甚廣，夫廣亦未易及矣。移風易俗之規，何事不倍當加念。然以明德爲約而蔑視夫天下者，其欲非；以明德爲廣而安冀夫天下者，其欲尤非。雖度量所昭，必推之天下而始足，而究其所以致此者，初不本之天下矣。古人而可作也，能勿於道一風同之下，而窺其全神所注者，而欲之者亦非虛懷。明明德至遍也，而於天下則至遠。夫遠正未可忘也，德盛化神之詣，何事不宜切研求？然以明爲務於遠，而馳騖於天下者，其欲誤；以明爲域於遍，而隘視夫天下者，其欲尤誤。雖功能所迫，必極之天下而始完，而原其所由及此者，初非始於天下矣。古道其可復也，能勿於化行俗美之餘而究其始，願所存者其知所先也，願以告世之有天下者。

　　文筆醞釀，大雅春容。（原評）

古之欲明明德於天下者

（蕭邑尊課正取二名）

孔傳勳

　　明德推諸天下，可首揭古人之欲焉。夫人孰無明德，人孰不當明？其明德，推之天下，其量全矣，不可揭古人之欲乎？且《大學》首言"明德"，次言"新民"。新民者，無非使人自新其德也。然使人人各新其德，必由一人自新其德，而於一人自新其德，可期人人共新其德。德之量擴而彌宏，即新之機推而彌廣。有新民之責者，早與斯世相屬望久矣。

　　知所先後，道斯近已。今夫道也者，以明德爲本，而又以天下爲量者也。五方之風氣日漓，疇克反諸己而嚴爲省察？不知習染於舊，適以錮本體之靈明，而機啓其新，仍以還天良之固有。天下各懷隱願，未識何以愈鼓舞愈閑存也。夫誰使之閑存也者？一世之性情各異，疇能課諸內而共保知能？不知昧乎四端本始，遂澆於習俗而不蒙一懲，愚魯亦爭自琢磨，天下皆有善心，未識何以益觀感、益洗濯也。夫誰使之洗濯也者？且夫天下之勢，本至大也，斯人之德，未易明也，而因吾德之既明，以推吾德之共明，其量以天下而止，其念又以天下而起也。惟然，而古人之欲可思矣。滌瑕蕩垢之風，周乎遐邇，古人結其欲於內念，知恃原以往，無待迫求；本立日新之學，徧於寰區，古人蘊其欲於寸衷，知握要以圖，非關強致。必謂"元善之良，斯人共具"，要無妨以未明求明者，與天下遞課以功能，揆諸一體之懷，何所不適，而君子之欲不然也。欲爲天下復本原，期望之殷，留而有待；欲爲天下謀性命，同風之化，未可驟期，精神之默運彌周，則知德在天下無窮期，明在天下無盡量，古人不必有是事，古人不可無是情也。斯其欲不素裕於窹寐中哉？抑謂秉彝之好，本屬同情，亦何妨以愈求愈明者，即與天下宏其運量，擬諸同然之性，本自相符，而君子之欲猶緩也。不與天下同其欲，耳目所囿，或近於私；遽與天下同其欲，旦夕以圖，又失之急。度量之擴充彌遠，則知天下之德即吾德，天下之明即吾明，古人既能有是情，古人不必無是事也。斯其欲不早結於神明内哉？遞言其序，皆《大學》之條目也。古人之用心，不從可知乎？

渣滓盡去，清光大來。（原評）

古之欲明明德於天下者

（蕭邑尊課正取四名）

王恩湘

明德極於天下，特即古人而揭所欲焉。夫德在天下，不可遽言明也，而古人之欲，則自此始焉，故特揭之。且聖經言"明德"，此一人之事也，驟而推之天下，恐有不及之勢矣。顧明德在一人者，不即於天下奏其功，而明德在天下者，固首於一人廛其念，未於天下課事功，早於天下徵性量，其不敢急遽求之者，正其未嘗須臾忘之者也。不然，由明德而新民，亦使天下之人各明其明德而已，而古人必首以爲欲者，何哉？百族之性情，豈一念之周詳所能遍？然户庭不出，生靈若環而伺焉。故於皇衷操宥密之功，必於宇宙大裁成之化，功業所未至者，而念慮早及之，以示所期之遠而已。五方之風氣，豈一人之陶鑄所能周？然寰海雖遥，宸念實默爲運焉。故於一己大包容之量，必於萬民覘丕冒之休，層累所未到者，而神明早

83

通之，以明所志之大而已。今夫天下甚廣也，明德甚難也，至明明德於天下，又非可一蹴而幾也。而古人乃結爲欲者，亦謂所欲不於天下止，又何不可於天下始哉？使必謂累洽重熙之治，可驟驗之目前，則望亦奢而難給。故聖主原不談遠略，而甄陶在四海，必非崇朝之敷布所能成。然必謂風同道一之規，未敢縈諸夢寐，則量亦隘而不宏。故盛朝雖不尚并包，而被濯在萬方，早挾黼座之精神以俱永，而固非徒存虛願也。深宮自有實功，第以覆載之全神，日往來於方寸，則結想似鄰於泛而非泛也。我爲天下振綱常，而丕變之風原難遽布；我爲天下謀性命，而裁成之念何可暫忘？蓋所欲有迫焉者矣。不然者，高語承平，補苴鮮具，侈言駕馭，操切徒勞，其能如古人寸心所固結者哉？而亦非妄事兼營也。主極原無近效，第以峥嶸之全量，時期望於懷來，則爲功亦近於夸而非夸也。其不顯責之天下者，秉彝之性難強同；其必屬望之天下者，滌盪之功無異量，蓋所欲有深焉者矣。非然者，文告雖宣，而隱微難及，刑威雖設，而束縛難周，其能如古人一念所周詳者哉？吾思古人，吾愈不能忘其所先矣。

簡潔明淨，揣摩當行。（原評）

欲正其心者先誠其意，欲誠其意者先致其知

趙鑾揚

由正心而遞推所先誠與致，乃盡其欲也。夫意者心之發，而知則所以察意者也。欲正先誠，欲誠先致，明明德者，不已盡其欲乎？且吾言“明明德”而推及於正心，誠以德必具於心之無所私，

明必生於心之無所蔽。惟其無所私也，故克念不參罔念，貴探真實之原；惟其無所蔽也，故惟一必本惟精貴極虛靈之用。古大人制心之學，獨以去私袪蔽爲急者，豈過慮哉？亦謂審端用力之處，固在此不在彼也。不然，正心亦明德之要，當無有立乎其先者矣。豈知誘吾心以出者則有意，察吾意而入者則又有知。心無象也，而意之所造即其象。當萬感皆虛之候，無端而神爲之往，無端而機爲之生，舉人事之蕃變紛紜，皆隨吾意而俱幻。是起於善者此意，起於惡者亦此意也，其心幾不能自主也。意無方也，而知之所赴即其方。當與接爲搆之初，此焉而覺其爲非，彼焉而覺其爲是，舉人世之嗜欲攻取，皆憑吾知以爲緣，是從乎理者此知，從乎欲者亦此知也，其意又不能自持也。欲正其心者，不於意求之，可乎？世固有冥心坐照，假虛無而開滅意之門，卒之意既頑而心亦不靈，正於何有？古大人則出此心與萬民相見，故判意之始，不敢歧而生岐；杜意之萌，不敢幻而益幻。心主靜而意則主動，防之所以如城也。則先誠其意有然，欲誠其意者，不於知求之可乎？世又有一意孤行，泥本善而創"良知"之論，卒之知未真而意亦必妄，誠於何存？古大人則持此意與一世相維，故審所已知，不敢倚於一偏；擴所未知，不敢誤於兩可。意能遁而知則能窮，見之所貴克灼也，則先致其知有然。然則誠與致不容緩矣。假令侈語操存，而任其意以妄行忠孝，或流於愚罔；高言无妄，而泥其知以輕試經術，亦足以誤人。惟舉心與意所由起，而各盡其功，斯未於吾心求所正，而爾思憧擾，先絶朋從；未於吾意求所誠，而人世是非，先精卓識。心有主而意有輔，古大人學綜明新，欲之所爲，至是而足也，夫孰從而間之哉？且誠與致宜兼盡矣。假令正一事，誠又一事，則於心外求意，必至以清淨爲宗；誠一時，致又一時，則於意外求知，難免於聰明誤用。惟舉心與意所從生，而遞推其本，斯意即心之意，知即心之知，逆計焉而功無旁貸；知即知所誠，知即知所正，推極焉而責有專歸。正有本而誠有原，古大人學貫始終，先之所爲，此外無加也，不已握乎其要哉！至於致知之功，則又有在矣。

精思健筆，縝密光明，洵推此題合作。（原评）

欲正其心者先誠其意，欲誠
其意者先致其知
（黎觀察課正取二名）

王恩湘

由正心而言明德之事，誠與致可遞及焉。夫大人以心明德，而意與知皆心爲之也。欲正先誠，欲誠先致，聖經故遞及歟？且吾言大人之學，由明德而至正心，誠以德之理全於心，明之機具於心。全於心者本無妄，具於心者本常惺也。

豈知心既發而慊與欺相間，將無妄者仍妄，則其德不純；心甫發而善與惡未分，將常惺者不惺，則其明轉蔽。由静而動袪其偏，更由動而静審其幾，是可爲明德者遞及之焉。不然，由脩身而正心，議者必以爲正其心而心之德自實矣，亦以爲正其心而心之明自生矣，是又何煩進而詳乎？然而第言心，有生於心者也。心未萌，則寂然者有主；心既萌，則杳然者正無憑。若者慊，若者不慊，必能定乃能静，大學所以戒妄動也。是當察其心之所萌而言意。然而第言意，有啓其意者也。意未覺，則冥然者無靈；意既覺，則湛然者又易昧。何者善，何者不善，必能慮乃能得，大學所以貴精詳也。是當審其意之所覺而言知。然而心與意爲緣者也。乃心以主意，或失之偏；意以役心，易鄰於妄。大人則曰："此未誠之故。"誠焉而切糾其意，務使有真而無僞；力防其意，務使有公而無私。不及其量不安，不滿其量亦不安，有真實無妄者焉。然而意與知，交引者也。乃知之蔽者既徇意之非，意之私者又受知之累。大人則曰：
"此未致之。"故致焉而引伸其知，是與非有必分之界；推廣其知，好
與惡有必燭之幾，不至其程不止，不竟其程亦不止，有覺察無遺者
焉。然而謂"既有心乃有意，既有意乃有知"者，非也。心未形，意
已形，於已形者課其功，斯顯而可指；意無定，知有定，於有定者端
其向，斯確而不移。紊其序焉，明德何由入乎？故言心先繫以意，
而因情見性，乃以絕朋從客感之緣；亦言意，先繫以知，而由覺生
明，乃以晰理欲天人之辨。然而謂"正與誠非一時，誠與致非一時"
者，亦非也。誠即誠其所正之端，清其源於至密，斯妄念不參，致即
致其所誠之理，窺其隙於至微，斯人心不雜。歧而視焉，明德何自
求乎？故欲正必誠，爭敬肆尤爭虛實，乃以還勿參勿貳之天；亦欲
誠必致，絕虛誕，尤絕昏蒙，乃以葆至精至瑩之體。欲正其心者，先
誠其意；欲誠其意者，先致其知，此明德者所必遞而及也。而致知
之所在，則又以格物爲要焉。

陳言務去，清光大來。（原評）

《詩》曰：周雖舊邦，其命維新。是故君子無所不用其極

（黎觀察課正取二名）

趙鑾揚

終引詩以驗新民之極，君子當善所用焉。夫詩曰"新命"，固與
"日新""作新"同爲新民之極也。新民之君子，可不善所用乎？從
來誕膺天命之大人，未有不本內聖外王之學，而能繼天以立極也。
故帝謂溯欽承紹我周王，祗自完修己治人之量，而聖功無淺近。後
有作者，皆當探整躬率物之原，天心其克享矣。乃歎訓詞所載，固

有各臻其至者，而可稍留遺憾耶？湯盤、康誥，其所以自新新民者，不已造其極乎？然而未已也。盍觀文王之詩曰："周雖舊邦，其命維新。"有邰肇百里之封，鐘簴頻遷，邦域幾難自守。既不若正域四方，易矢深宮被濯；又不若殷民六族，悉除沫土餘風。使文王稍啓封疆，亦誰白翦商之謬也？乃詩曰"雖舊可見，民極是立"。直可使明明在上，鑒五十年服事之孤衷，徹田守三單之制，子孫世守天命，詎敢闇干？既非同圍式於帝，受大小之共球；又非同宅助於王，啓條徐之疆土。使文王侈言天眷，奚以解改元之誣也？乃詩曰"維新"，可見主極克端，實能告赫赫皇天，著十五王始平之顯，續文之新命，非與"日新""作新"同爲新民之極哉！吾於是穆然於其故矣，彼蒼之眷顧何憑？惟此淑身淑世之修，默爲感召，故大勳不妨未集而靈承之，帝眷早合先後聖而集其成。萬事之會歸有準，總視成已成人之詣以底精純。故聖學不尚苟安，而美大之規爲貴，先天下人而臻其備。

君子曰："是有極也，而可有所不用乎？"必謂極爲太極之所判，故乾坤不變，獨占用九用六之爻，此後世讖緯之學，君子勿尚也。極也者，正以範新民之事而不過也。儒生雖不陳符命之圖，而推其極之所歸，眷顧俱非倖獲。非日新無以貞百度，故自用必戒，聖敬能躋；非作新無以立百爲，故勿用匪彝，德言克紹。君子奉往訓以爲歸，無所不用其運量，覺不造其極不安，不各造其極仍不安也，而静極動極之説不參焉。必謂極爲皇極之所敷，故道路同遵，實握敬用協用之本，此後人附會之詞，君子不計也。極也者，正以成新民之事而不遺也。聖賢雖不得邦家而理，第推其極之所至，刻厲亦有全功。日新惟湯，而德著耿光，即懋昭之遺意；作新惟武，而歌興孔邇，即"保赤"之先聲。君子法前王之成憲，無所不用其精神，斯不臻其極不止，不盡臻其極仍不止也。而會極歸極之休猶後已。人亦自新，新民以蘄於新命可耳。

文有偉岸不羣之概，後二以實發爲幹補，尤見力量。（原評）

《詩》曰：周雖舊邦，其命維新。是故君子無所不用其極

（黎觀察課正取四名）

高炳辰

觀詩之言新命，益知極之宜用矣。夫邦雖舊而命則新，自新，新民之至也。合觀湯、武，君子可不用其極哉！且我周自文王作，上紹湯猷，下開武烈，立其極而命有攸歸也，亦造其極而用無所隘。蓋上帝之鑒觀，渾於無言者，亦嘗徵諸有象，而聖德之積累，始於微渺者，尤必底於純全。文明之德，不必果勝於征誅。百世下有王者起，其取法固悉臻美備已。盤銘、康誥，古君子之用其極者，不止此也。文王之詩不云乎：「周雖舊邦，其命維新。」郇室就封以來，前王之遺澤云遙矣，而敬止之修，上邀眷顧，覺西土自安服事，而南巢未免懷懟也，則祓濯在皇躬，自著皇極之建，邠土既遷而後，先聖之芳微已遠矣，而惠鮮之德已肇誕膺，覺麟趾既著仁風，而虎賁自揚大烈也，則振興在民志，即徵民極之歸，文王之新命自新，新民之各用其極也。且夫文王有與湯、武異者，有與湯、武同者，氣數之所歸，皆徵德性純一之心，非若廣淵之聖，徽柔之度，豈同執競之修？一觀其性情之異，知懋修無斁，各昭粹美之功，聖神之首出，胥見功能不諫之德，遠紹從諫之風，丕顯之謨，下開丕承之烈。一思其品量之同，知功力所臻，共見精純之德。君子觀於此而皇然矣。學術未極於精微，斯世何以臻上理？治術未極其隆盛，吾道何以證淵源？君子遠鑒前王，夙夜有不敢稍寬者

焉。以法文者法湯，而棫樸施仁，不必侈共球之受；以法文者法武，而菁莪布化，更無取旄鉞之麾。極之所在，夫固有愈用而愈精者。所以宸躬嚴砥礪，而內念彌切憂危；薄海慶生成，而黼座猶嚴修省。道德未極於純粹，精一之心法誰傳；勳業未極於平成，熙皞之休風難再。君子緬懷哲后神明，有不敢或弛者焉。法文即所以法湯，沐德之騶虞，何必非呈祥之元鳥；法文即所以法武，集山之鳴鳳，早已開躍舟之白魚。極之所在，夫固有愈用而愈神者。所以一心嚴出入之防，而幾微必謹；四海著昇平之象，而悚惕彌深，無所不用其極。君子之所以受天命而爲天下君也，入大學者其知之。

法密機圓，筆致秀整。（原評）

是故君子無所不用其極

（任邑尊課正取一名）

林駿元

新之事有其極，觀於古而知所用矣。夫極者，自新新民之至善，而用其極，即所謂止至善也。觀於三王，可知君子無所不用之故耳。且經言“明新止於至善”。夫至善者，即其極也。要非殫其心於至密，斷難造其境於至精。宜盡者，性功宸修與衆志相孚，而後性功無遺憾；宜端者，治術主德與民風相感，而後治術有獨宏。無不竭之功能，斯無不窮之底蘊。君師之道，一以實之矣。日新爲新民之本，新命爲新民之化。古聖王明新有至善，即自新新民有其極也；明新止至善，即自新新民用其極也。是可恍然於其故矣。內聖外王之業，自有宏圖。皇躬裕教化之原，放之可彌六合；民志有感孚之效，約之祇在一心。則觀我觀人，當境有難寬之責；備明體達用之規，胥關宸念。訓行皆敷綏之蘊，學術不入於他歧；率育皆帝命之精，治道不流於淺近，則制心制事，隨時無倖獲之勳名。然則有新民之責者，極在於用，尤在無所不用也。而用之者誰乎？惟君子以一身樹表正之規，雖勇智不必錫於天，而懋昭要必勤於己，而神明默運，固非冥情坐照，特高上古清淨之風。惟君子以一身懷鑒觀之林，雖式廓未增於當日，而啓佑宜及於後人，而至治馨香，要非罅漏補苴，致蹈季世張皇之習。是知用之者，有分致之力焉。自新者懼小民難保，新民者懼天命難諶，苟非宥密單心，恐無以丕變黎元，即無以潛通帝謂也，而君子各造其極矣。學極精微之域，造就豈與華士爭長？治極熙皞之休，德業豈與古人相讓？皇極之建也，洗心藏密之終，即於變時雍之始。理在天下，理實在吾心。行習所未能至者，識量早得而至之。君子所爲作則羣黎者，有如是耳。是知用之者，有遞致之功焉。自新已肇風化之基，新民默慰帝天之鑒，苟非聖神廣運，恐下無以移習俗，即上無以達蒼穹也，而君子皆臻其極矣。性極於全受全歸，何至留幾微之憾？化極於不知不識，亦足徵氣運之隆，主極之端也。雜霸驪虞之弗尚，即潛孚默證之可憑。理自外來，理皆從內出，耳目所不能盡者，心思偏得而盡之。君子所以上通於穆者，職此故耳。此君子所以繼三王之後，而自新新民無不止於至善也。有新民之責者，其知之。

　　思清筆健，切理饜心，抱上三節平側處俱無礙，尤見手法。
（原評）

於緝熙敬止

（蕭邑尊課正取三名）

解開元

引詩美周王之得止，其本實原於明德焉。夫詩美文王之敬止，而必先曰"緝熙"者，實以明德爲本也。引詩言不可立得止之極乎？且千古安止之學，不外千古主敬之學。敬也者，聖心之至善也，而要非進窺其得止之原，則聖心幾隱而不見。夫心以誠則能久，心以一則能明，合悠久高明，而齊肅之功以著。斯古聖人之止至善也，而明德之修寓焉矣。

詩美文王以穆穆，意文之止，不幾予人以難測乎？夫文王固由明德而止至善者也。一境也，而爲畢生莫竟之程，則必本純一之精神以造之，造之而初不留一息之間，於以知或作或輟者不足言止也。一心也，而爲虛靈不昧之體，則必本清明之志氣以養之，養之而初不容一隙之蒙，於以知旋明旋蔽者不足言止也。所謂緝熙也，詩繼詠之曰："於緝熙敬止。"夫固由明德而止至善者也。且夫敬貴持於有常，而不緝則閒；敬貴貞於不貳，而不緝則雜。時時皆密，難保無一時之疏；而即此一時之疏，已知一時之不敬也。所以聖賢之修，能無荒，先懍以無怠。敬之體常清，而不熙則昧；敬之心常靜，而不熙則涓；念念皆惺，難保無一念之蔽，而即此一念之蔽，已知一念之不敬也。所以帝王之授受惟一，首重以"惟精"。吾於是知文王之敬，本緝熙以爲敬，實無時不敬也。至誠則無息，慎修有思永之功；積厚則流光，柔順有文明之德。其敬之與時俱進者，第覺時有斷續，而敬無斷續，時有顯晦，而敬無顯晦也。雖肅之精神，悉根克明之心源，以端其極，此"學有緝熙"，所以垂爲典型也夫。吾於是知文王之止本緝熙，敬以爲止，實無在非止也。健行不息，則無形之師保常嚴；昭質無虧，則爾室之冰淵永惕。其止之隨在咸宜者，第覺分言之而一理各有一止，統觀之而萬理共此一止也。睢麟之精意，胥原昧爽之志氣以造其微，此"維清緝熙"所以深人景仰也夫，此文王由明德以止至善者也。試歷指其所止，洵可立得止之極矣。

松風水月，仙露明珠，文境清華朗潤，仿彿似之。（原評）

有斐君子，如切如磋，如琢如磨。瑟兮
僩兮，赫兮喧兮。有斐君子

（馬太尊課正取一名）

趙鑾揚

《詩》咏君子，反復焉，惟見有斐而已。夫君子何以有斐？於切磋琢磨見之，即於瑟僩赫喧見之也。再言君子，非反復焉，惟見其有斐乎？今使第觀其外著，而不究其中藏，雖極之詠歎長言，亦何足當實至名歸之義哉？乃煥文章於炳蔚，借證焉而譽已非虛；更窺運量之宏深，實按焉而名真不朽。一爲形諸詠歌，覺丰采之堪欽，如懸心目，流連久之，遂不禁反復言之也。瞻淇澳而美菉竹，詩人固有一君子在其意中，不待歷驗功能，已早具斐然可觀之象也。因繼詠之曰："有斐君子。"上就日瞻雲之頌皇王后辟，豈非小民媚禱之常情？茲獨以有斐而稱君子，不憚以王公之貴，下擬儒生，蓋見深居端拱中，實有當君子而無愧者。斯統金錫圭璧之型，而別隆徽號，抒親君愛上之忱，駿烈鴻猷，豈非臣下頌揚之大體。茲獨以君子而稱"有斐"，直欲以質樸之詞，侈談大業，殆從侯度維謹中，確見有斐然而成章者，斯合會弁琇瑩之飾，而特挹輝光。不然，《詩》既咏君子矣，而必擬之以切磋琢磨，實之以瑟僩赫喧者，又何

93

加於有斐之稱哉？蓋人於素所欽服之端，每欲遠引旁徵，以工其摹肖，故切磋琢磨，本屬曲藝，而即良工之心苦，為君子喻磨光刮垢之功，覺所以"有斐"者，不啻從切磋琢磨來也，而君子之真出矣。抑人於急欲形容之事，不惜手摹心寫，曲繪其精神，雖瑟僴赫喧，無與皇猷，而以寢室之起居，為君子寫充實光輝之貌，覺所謂"有斐"者，又莫非因瑟僴赫喧見也，而君子之名隆矣。此"有斐君子"所為反復咏之也。斐之象發於外，再云"有斐"，則外也而內達之焉。向不過即境懷人，蔚然見外觀之有耀。乃始則遠取諸物，經砥礪而大發其光；繼則近取諸身，合體用而備昭其美。是言"有斐而君子見"，言切磋琢磨與瑟僴赫喧，而君子之有斐乃愈見也。章美內含，斯符采外炳，豈第於清流映帶間，足為君子傳其神哉？斐之文，徵諸顯，再云有斐，則顯也而微著之焉。初不過愛人及樹，悠然思顯著之光華，乃失小心於大力。淺喻之而文采既彰，貞百度於一身，深窺之而華實並茂。是言有斐而君子見，言切磋琢磨與瑟僴赫喧，而有斐之君子乃真見也。微窺底蘊，愈顯著丰裁，豈第於佳木蔥蘢中，足為君子寫其真哉？君子之有斐如此，而謂民能諠乎？

就題立局，能使實義虛神，面面俱到，通體不矜才，不使氣，醖釀深純，是真讀書人吐屬。（原評）

此之謂自謙，故君子必慎其獨也

（陳司馬課正取二名）

趙鑾揚

謙由於自知獨之不可不慎也。夫自謙之謂，正所以謙其獨知之好惡也，其功必自慎獨始。知其故者，其惟君子乎！且學當知至，而后吾意中本有暢然之一境焉。然吾意以暢然止，要不得以暢然始。蓋極其意所必至，充實焉不俟他求；實審其意所從生，刻勵焉絕無旁貸，量愈見其有餘，心愈形其不足。夫乃知大人之學，無時不在快足中，正無時不在戒懼中也。不然，好善惡惡，皆誠意者所獨知之事，而必極於惡臭好色如此，此何謂哉？謂於此以求其快，無論意多苟且，好惡不能適其天，即使克治維殷，苟預存一自快之心，其意亦鬱而不暢。惟於形聲未接之初，先有一不敢自快者以充其分量，斯不快中之快，其快乃真。謂於此以求其足，無論意在徇人，好惡不能愜其性，即使愛憎悉當，苟先期一自足之效，其意亦歉而難盈。惟於聯兆將萌之始，更有一欿然不足者，以策其神明，斯不足中之足，其足可恃，所謂謙也，所謂自謙也。今夫意之謙不謙由於自，而意之自謙不自謙則由於獨。蓋意之未發，謙不謙渾於無形，而其獨已為之兆。儻於此忽不自覺，將機緘一露，從前之防護皆虛。及意之將發，謙不謙雖無成局，而其獨已判其趨。儻恃為人不及知，將志向一歧，後此之挽回已晚。此其故君子知之矣。於是有以察其幾，於是有以致其決。意苟極於衆著，雖大施補救，終虞渣滓之難融。惟明以察幾，斯一舉念而此中有主。獨也者，正所以察其幾也。故析而言之曰：其獨覺吾意之惟危惟微，實有此交戰於中者，而不容遷就。苟不豫深夫省察，將謙者吾意何以引其機，不謙者吾意何以防其漸？稍縱即逝，是寂感未分之時，皆精神當貫之時也。莫見乎隱，莫顯乎微，君子所為兢兢以察其幾者此耳。意苟失於因循，雖燭及隱微，終恐閑存之不力，惟健以致決，斯一矢志而私欲全消。慎也者，正所以致其決也，故實而言之曰必慎。知吾意之為真為偽，早有此鑒觀不爽者，以立其防閑，所以謹懍於幾先。吾意未謙，既不敢懈其操；吾意既謙，仍不敢寬其責。防微杜漸，覺事為未著之候，皆寸衷交迫之候也。戒慎不睹，恐懼不聞，君子所為懍懍以致其決者此耳。惟慎故謙，惟謙故誠。誠意者，其知之。

操縱離合，筆捷於風，俯仰屈伸，理明於鏡，不僅天資過人一倍。（原評）

孝者所以事君也，弟者所以事長也，慈者所以使衆也

（惲太尊課正取一名）

李春棣

家國無異理，觀孝弟慈而已見矣。夫君子之孝弟慈，修身以教家者也，而事使之道不外是，安用出家爲哉？且上下異分也，親疏異情也，驟而語人曰"此其理相通"，人必弗之信。謂夫倫常之地，責我何窮，則内而淑身，難必其外而淑世焉，亦未即其事而實叩之也。試由教成於國而言孝弟慈之理，彝倫之大，責在當躬。生我何人，友我何人，幼我何人，知握要以圖王者難舍性情而言學問，式化之由，基於門内，爲子有道，爲弟有道，爲父有道，斯放之皆準吾儒，不外倫理以建勳名，則勿泛言事君也。我能以孝修身，而教家，凡用力用勞，皆以孝出之，孺慕之真，可以對父母，即可以對廟廊，斯國之所以事君者視此矣，則勿泛言事長也。我能以弟修身而教家，凡同父同姓，皆以弟賅之，幼儀之習，可以明長幼，即可以明尊卑，斯國之所以事長者視此矣，則勿泛言使衆也。我能以慈修身，而教家，凡所鞠所育，皆以慈統之，仁愛之懷，可以恤子孫，即可以恤倫類，斯國之所以使衆者視此矣。此其理有明徵焉。聖賢之事業何奇，要不過人紀肇修，内課本原之地，不知有親，何知有君？不知有兄，何知有長？不知有幼，何知有衆？故往往少年成德，治績未彰，而識者輒以公輔相期，爲其至性至情，固無閒乎遠邇也。所以明堂

端拱，無不敦倫飭紀之大人且其理可深思焉。載籍之流傳極博，亦不過庸行克謹，廣垂日用之經。我欲作忠，先盡以孝；我欲將敬，先盡以弟；我欲博愛，先盡以慈。故往往豪傑興邦，聲華久著，而後人取其家事爲斷，謂其大功大業，莫不本乎倫常也。所以至治馨香，始於勸學明倫之盛典，觀於此，而家國相通之理益明矣。

筆清而腴，氣疏以達。（原評）

心誠求之，雖不中不遠矣。未有學養子而后嫁者也

（如都轉課正取一名）

林駿元

求本於誠，特見不學而能焉。夫求之而不中者，必其未誠者也。若誠求焉，雖不中，幾於中矣。保赤之心，亦何殊養子之心乎？且天下最易見者，莫心若也，而人之託命於已者，亦必視一心以爲準，其心非關強致，即其心不學而知也。蓋性天共裕，寢興不假偽爲，斯痛癢必周，撫育何容旁貸？彼有相屬之心，此有難已之心，以心印心，猶謂待學始明其理也，抑亦弗思之甚也。書言保赤，正可驗慈幼之心矣。夫心本於良知，非由學而后知也。心發乎良能，非由學而后能也。惟然，心以求爲功，而求以誠爲斷。豈無頑梗之資，而矜憐倍至；豈無顓愚之性，而維繫良殷？計必出於萬全，理實融於一脈。保赤之深情彌永，一事求之而見爲是，事事求之猶恐其非也，則至誠無息者，此心也。豈無難窺之隱，而頃刻不敢疏；豈無難愜之衷，而斯須不忍置。在我直發其覆，在彼悉慰其懷，保赤之繫念弗忘，一時求之而覺其安，時時求之猶慮其拂也，則真誠所結者，此心也。心誠求之，雖或不中，亦何遠之有？且夫事必由強爲

而見，非事之自然者也；情必由親歷而明，非情之同然者也。恩勤之事，推誠豈有懸殊，則鞠育撫摩，足爲孩提補有憾之天，而時深揣測顧復之情，撫養原無異理，則悲愉欣戚，極爲孺慕，發不言之隱，而何待修爲？以云養子豈必在於學哉？夫人有俟於學者，其勢皆由後起耳。人縱有涼薄爲懷，惟此毛裹之親，未有不廑其體恤者，蓋動於天之不自知也，而何須外求乎？非必先切綢繆，而調護之忱，胥根性量；非必豫爲嫻習，而提攜之念悉驗本真。精神之體會潛通。養子者特殷其撫字，其心之無微弗至者，即不學亦得而諳也。如謂"學力所臻，而后見慈懷之流露"，則吾未之聞矣。抑人不資於學者，其道原有同情耳，事豈必幾微畢達？惟此劬勞之意，未有不善其維持者。蓋發於情之不自已也，而何事強求乎？有時語言莫肖，而屢深體驗，不藉人爲；有時啼笑所昭，而加意撫綏，胥徵天性。夙夜之感孚自捷養子者倍切夫痌瘝，其心之有觸斯通者，固非學所得而與也。如謂"學修所造，而后知慈意之涵濡"，則吾未敢信矣。未有學養子而后嫁者也，則心誠於保赤者，益可見矣。而孝弟之理，亦豈有異哉？

　　正喻夾寫，有筆有書，實理虛神，兩兩俱到。（原評）

是以君子有絜矩之道也

（陳司馬課正取二名）

陳宗鳳

　　知人情之同，平天下有道矣。夫君子之於天下，日求其道以平之也。以矩絜之，人情無不同矣，不已得其道乎？今夫平天下者，平之以情而已。然欲平天下之情而使之同，必先端一己之情而立之準。故人有各平之情，亦有待平之情。平於情之無不同，實平於情之無不愜。君子於此得教化之原焉。孝弟不倍,民之從上也如是,是果何道致此?吾於是恍然於君子矣。君子知天下之事無二理,故自致知格物以來,端本以圖,早自盡孝弟慈之心,爲天下設之鵠。君子知天下之人無異性,故自誠意正心而後,整躬以率,早己定孝弟慈之分,爲天下樹之型,所謂矩也。君子有以絜之,不於家國間得其道乎?矩有方而道無方,以無方之道而默化以有方之矩,天下直運於掌上焉。君子之御世也,薄勳名於不事,絜之以情;置法度而不拘,絜之以理。廟堂運量,直舉億萬人之尊卑長幼,一一自遂其天真,舉是心而加之,不啻較短而量長也,道在則然也。矩不一而道至一,以至一之道而隱寓以不一之矩,天下可納於軌物焉。君子之出治也,嗜欲多偏,偏者絜之以正;趨向或異,異者絜之以同;廊廟措施,直合千百,國之貴賤親疏,一一各如其分。願執是理而推之,無殊審曲而面勢也,道在則然也。吾於是知君子有保赤之誠焉。稱物平施,惟矢以无妄之真,而曲成自當,誠所孚即道所孚也。矩獲自在人心,初不必作意矜情,自恃經綸之遠,範以同然。天下猶或不然乎?絜有形之矩,準乎物而咸宜;絜無形之矩,準乎心而不易。蓋不知若何審慎,乃有此無外之道也,不亦如願相償哉!於是知君子有藏身之恕焉。移風易俗,要本此無間之隱,而終始相成,恕所推即道所推也。規矩初無異致,亦何必鋪張揚屬,侈談久大之謀,示以當然,天下無不皆然耳。物各一矩,絜一矩不能盡天下之物;心同此矩,絜一矩即足範天下之心。又不知若何衡量,始悟此至公之道也,詎非曲成不遺哉?進言絜矩之義以平天下者,其知之。

　　水淨沙明,詞無支蔓。(原評)

是以君子有絜矩之道也

（陳司馬課正取四名）

張彭齡

　　道生於心，惟君子爲能有之也。夫心無不同，矩所從出也。君子有以絜之，平天下之道，豈外是哉？且天下無不同之心，而有不能各遂之心，要非其心之難遂也，必由其心之相感者，以觀其心之所以通，即由其心之相通者，以求其心之所由準。則凡所以度其心者，由此生焉；所以平其心者，亦由此立焉。特非深得我心，終恐無以見其心，且恐無以愜其心耳。孝弟不倍，興於國者如是，推之天下豈外是哉？君子觀於是而恍然矣。事不溯其本原，即推施亦苦無術。天下之勢隔矣，乃勢之所必隔，實爲情之所必通，情通而勢從無可阻。行之近而用情若此，即行之遠而用情亦若此也。君子是以會其通也。物不相爲印證，即裁制亦覺無方。天下之形分矣，乃形之所必分，更爲理之所必合，理合而形無可分，驗諸此而其理如斯，即驗諸彼而其理仍如斯也，君子是以徵其合也。所謂矩也，所謂絜矩也，而平天下之道在此矣。矩定於天也，而絜之則以人，以人應天，自有殊途同歸之致。君子觀於天而知人之不容誣也，舉生平所獨喻者發爲經綸，而通德類情，一心足慰羣倫之望。矩生於性也，而絜之則以情，以情達性，更有同條共貫之真。君子察於性而知情之無能偽也。舉億兆所共求者，廣爲敷布，而因心作則，一心已探萬化之原，是以知道之孚乎天下者周矣。夫天下至繁也，而矩則甚簡。執簡以御繁，統天下之蕃變萬端，而悉要諸約，非必別有法制也。深宮之癏瘝，可以喻編氓，而度務揆幾，不啻入黎庶之衷懷而籌其志願。其曲成萬物而不遺者，其求諸一己而不爽者也。審端而致君子之會悟爲獨神，是以知道之推於天下者順矣。夫天下至遠也，而矩則甚近，由近以及遠，合天下之紛紜，百族而胥得其平，未嘗別具經猷也。黼座之精神，徧周於草野，而宜民善俗，不啻舉閭閻之性命而繪諸宮廷。其後天下而懸法度者，其先天下而正權衡者也。依類以求君子之措施爲有本，是以君子有絜矩之道也。

其言明且清，其氣疏以達。（原評）

此謂唯仁人爲能愛人，能惡人

（馬太尊課正取一名）

趙鑾揚

唯仁人得愛惡之正，非僅惡以成愛己也。夫所惡在此，則所愛必在彼矣。而能得其正者唯仁人，豈第惡以成愛之謂哉？且平天下者，平其與民同好惡之心耳。然好惡在天下者，民所同；而好惡在一心者，君所獨。有獨精之卓識，則忠奸並處，立判妍媸；有獨斷之威權，則刑賞所加，無非忠厚。古大人一心持其平，而天下受其福。向未解其彰癉，何以獨神也？乃今知之矣。不然，放流迸逐若此，此而謂爲惡人可也，安所謂愛？此而謂爲能惡人可也，安所謂能愛？乃世固曰“唯仁人爲能愛人，能惡人”，則又何謂邪正無兩容之勢？必謂兵刑之用，第爲禮樂濟其窮，是惡人專爲愛人而設也。姑無論未放未迸以前，善類之，中傷不少，即使除惡務盡，有斧鉞而無華袞，奚以彰官方澄敘之微？權旌別無偏廢之條？必謂雨露之恩，實賴雷霆宣其化，是愛人必藉惡人而成也。姑無論欲放欲迸之候，宵小之伏患已深，即使疾惡維嚴，多秋肅而少春溫，奚以見風化轉移之妙用？然則惡非徒惡愛人者爲之也，亦愛非汎愛惡人者爲

101

之也,而誰則能之? 雅仁人自格致以來,辟愛辟惡之端,早嚴於宥密,故激揚垂盛典。喜與怒一本無私,唯仁人自誠正而後求人,非人之故。早課於宸衷,故黜陟寓全神,威與福皆非妄作。此不必實有所愛,實有所惡,始見其能之大也。朝廷縱無求賢之詔,而仕途不雜,已儲有造之菁莪;同僚縱無劾佞之章,而賢路宏開,已絕無形之豺虎。即有時法律森嚴,一似獨行平刑化,不知寬仁之大度,實本此不賞不怒者,默運於愛惡之先,其能不甚大乎? 所以帝德克明,不在舉愷升元之日;王謨丕顯,不俟誅殘伐暴之年。好生之德,早洽人心,謂非仁人之所操爲獨神哉! 此不必偏用其愛,偏用其惡,始足見能之至也。幣無煩於屢聘,取士必得羣材,即無慮擠排;刑無待於鑄書,一怒而安萬類,已盡歸胞與。縱有時德威惟畏,亦似專尚夫嚴苛,不知仁厚之深心,要惟此無黨無偏者,曲成於愛惡之後,其能不已至乎? 試觀名流見用,同志者喜而彈冠;荒裔見投,感恩者極於没齒,愷澤所流,垂諸久遠,謂非仁人之所全,爲甚鉅哉! 所謂唯仁人爲能愛人,能惡人,其以此夫! 吾故曰非僅惡以成愛已也。

諸卷多説惡以成愛,雖寓側於平,終屬習套,此獨愛惡並舉,仍與上文不背,作法極爲完密,文亦高華沈實,兼擅勝場。(原評)

此謂唯仁人爲能愛人,能惡人

(馬太尊課正取三名)

張彭齡

惡以成愛,仁之至也。夫仁人惟愛人耳,惡云乎哉? 不知其惡也,正以成愛也。能愛能惡,微仁人其誰與歸? 且世有仁人,天下無不被其愛也。而世有仁人，要未嘗盡用其愛。蓋愛本於寬，而濟之以猛，則寬不失於柔矣。愛主於恩，而伸之以威，則恩不失於濫矣。直行其愛而愛溥，曲成其愛而愛神，則合不愛以全其愛者，功能已盡，斯品量難誣已。放流若此，屏逐若此，此仁人之惡人也，何足以言愛哉？而正不然，寬大之恩，施於君子，則足以培國脈，施於小人，則適以紊朝綱。聖主當陽，必不使宵小黃祿，得遇盛朝之曠典，顯以示懲創，即隱以寓祥和也，忍所以濟慈之窮也。嚴峻之法，以繩君子，則未免寡恩，以繩小人，則反為至當。聖人在上，必不使僉壬徼倖，得逃聖世之刑誅，嚴以待佞諛，實寬以安善類也，刑所以為賞之地也。然則愛人必惡人，而惡人正以愛人也，而誰實能之者？唯仁人知同邪之餤，未許包荒胞與之懷，迫而為威權之用，而彰善癉惡，予奪胥本於大公。唯仁人知作育之恩，不容姑息，雷霆之震，實以佐雨露之施，而崇正嫉邪，黜陟悉歸於至理。惟能愛故能惡，亦能惡乃能愛也。然後知唯仁人為能愛人能惡人者，此之謂也。此以見仁人之知也。碩德登朝，必不逢迎以媚世；孔壬當國，或且矯飾以文奸。鑒別未精，賢奸並進矣。仁人則有以辨之，大忠進而大奸務去，是非胥協於人情；元功錄而元惡必除，喜怒不參以己見。迨至被其愛者並感其恩，受其惡者不形其怨，而後嘆愛惡之明也。所謂公而恕者，此也。此以見仁人之勇也。徵求在正士，易成孤立之形；斥逐在憸人，不乏彌縫之技。優柔莫決，忠佞易淆矣。仁人則有以斷之。作威清作福之原，果決不流於牽制；用法濟用情之闕，彰癉無事於調停。將見愛之所周，彌多後效，惡之所化，欲贖前愆，而益嘆愛惡之神也。所謂嚴而正者此也。仁人之能事如此，此所以能絜矩以同好惡也。平天下者，亦法仁人之愛惡焉可耳。

　　結構謹嚴，斟酌飽滿，是出色當行之技。（原評）

此謂唯仁人爲能愛人，能惡人

（馬太尊課正取四名）

王恩湘

惡以成愛，可歸其能於仁人焉。蓋惟愛有技，彥聖乃愈以惡娼嫉也。觀於放流屛遂若此，謂非仁人之能事哉？且不忍人者仁之心，而有時反見爲忍者，非其果於忍也。蓋以不忍迫爲忍，所忍者在一人；實以忍全其不忍，所不忍者在天下。人第知不忍爲仁，而不知忍亦爲仁，曲而成之，斯不得不反而用之，夫亦始終一不忍人之心而已。不然，放流若此，屛逐若此，此而謂之惡人可也，此而謂之愛人不可也。而吾必歸其能於仁人者，則以仁人之心，其初本愛人，而有妨其所愛者，遂迫而用其惡焉者也。此不可謂其苛也。寬以進賢良，必嚴以絕比匪，樹德務滋，在除惡務盡也。全恩於威之內，雷霆之震，即雨露之施焉，此不可謂其刻也。爲草野伸士氣，必爲廊廟杜邪謀，小人道消，斯君子道長也。寓寬於猛之中，斧鉞之加，即冠裳之肅焉。其惡也，即其愛也，即其愛之迫而用焉者也。吾於此知仁人之謂，吾於此見仁人之能。蓋自誠意正心而後，早已得愛惡之正，而無所偏私。不以姑息者養奸，不以調停者釀禍，而彰善必先癉惡，知明處當，億兆人咸受其恩。抑自致知格物以來，早已清愛惡之源，而無所淆混，不以遲疑者寡所斷，不以蒙蔽者錮其明，而崇正務在黜邪，法立恩明，千百世猶蒙其惠。且夫好色惡臭之誠，在仁人己自慊矣。誠於用愛，誠於用惡，斯其能乃實焉。豈無朝多倖位，未嚴稂莠之除；野有遺賢，徒抱蘭荃之慨？無他，惡未切，故愛不摯耳。仁人則即所惡以成所愛，壅蔽除而朝綱以肅，賢豪得以見其長，奸回絕而仕路以清，俊傑因而收其效。蓋非激濁無以揚清，從未有刑不明而賞猶當也。有虞之盛也，羽水崇山，大申命討，而賓門愈彰籲俊之權，其以此也夫。且夫親愛賤惡之辟，在仁人早自絕矣。不辟於愛，不辟於惡，斯其能乃公焉。豈無憐才雖篤，空存國士之知，嫉惡雖嚴，反啟奸人之釁。無他，愛不篤實惡未除耳。仁人則因其愛以伸其惡，排擊每以沮豪傑，擯斥之以服人心，傾軋每以禍老成，翦除之以培國脈。蓋命德必先罰罪，從未有錯不嚴而舉猶正也。我周之隆也，缺斨破斧，用展明威，而棫樸益廣，作人之化，其以此也夫。此謂唯仁人為能愛人能惡人，平天下者其知之。

安章宅句，切理饜心。（原評）

節用而愛人

（黎觀家課正取一名）

尹　湜

節與愛兼盡，存心於仁儉也。夫國必有用，而人則國所與立也，節之愛之，非以仁儉存心哉？且人君以心行政，無所縱於心，尤貴無所忍於心，縱與忍之幾，固相因者也。必制其自縱之心，以調劑裕國儲，即擴其不忍之心，以仁慈培國脈，度支之費，斂而彌充，胞與之懷，推而愈遠。蓋權衡審而體恤周已，道國豈但敬信哉？今夫天地有不竭之菁華，惟育物者能深培養；朝野有待全之性命，惟誠求者能致安懷。然則國有制用之經，安人之策，不已可兼舉也乎？

然不必遽言惠愛也。古人君以檢制為心，自朝聘燕饗以及飲食羞服之常，無不有儉德留貽，為後世顯垂其模範。知君相為蒼生

105

所託命，朝廷爲薄海所歸心。貢賦出於田間，責踰分之供，黎庶必擾而不安矣；生命養於財粟，逞無名之費，閭閻必困而受弊矣。是故未言愛，先言節。五行百產之精，元后皆默爲滋培，分而待羣黎之取給。不必吝財廢禮，而防微杜漸，即以清嗜慾之源；不必減膳撤懸，而酌盈劑虛，即以平陰陽之憾。其所謂節者，無過嗇，亦無過豐也。服御猶必黜浮文，況封禪遊觀之過舉；宮府猶必裁冗費，況兵戎土木之虛糜。迨至正供無缺，子孫有憑藉之資；歲計無虧，官吏廢補苴之術。夫而後豐亨豫大，上下安之矣。秉國鈞者，亦思此撿制之忱，固爲利甚溥也哉！而更非徒言撙節也。古人君以慈祥爲念，自公孤卿尹，以及羣萃州處之衆，無不以仁心浹洽，使天下隱被其陶成，知芸生之利賴在一人，寰宇之乂安由一已。儉樸易鄰，褊嗇不遂其同然之願，羣情亦渙而難合矣；簡約易涉拘墟，不體其必至之情，衆心必離而難愜矣。是故既言節即言愛，教養生成之澤，大廷皆廣爲涵育，隱以洽百族之性天，不必濫賞厚施，而分外無苛求，即以維持於不敝，不必眚災肆赦，而平時無妄動，即以怙冒於無形。其所謂愛者，無姑息亦無刻薄也。噢咻不尚要結之謀，貴以悃忱通其隱；殘酷易殄生靈之氣，惟以寬大養其天。迨至培植有年，民志悉安於樂育，生成咸遂，天心亦釀爲休和，夫而後浹髓淪肌，歌詠傳之矣。敦國本者，亦思此慈祥之隱，固流澤孔長也哉，然使民不以時節，與愛猶有未盡也。

　　兩大比，落落寫來，綽有名家風範，一講卓鍊，尤擅勝場。
（原評）

子曰：學而不思則罔，思而不學則殆。
子曰：攻乎異端，斯害也已
（馬太尊課正取二名）

王恩湛

學思交濟而正學明，所以闢異端也。蓋正學不明，異端所由起
也。決罔殆以救其弊，異端庶不至貽害乎？且自正學不講，而異學
爭鳴，説者謂正不敵邪也，而不知崇正乃所以黜邪，救斯人心力之
偏而交資其用，即破天下奇衺之術，而不戢自消。吾夫子正學宗
也，爲入吾學者決其失，爲背吾學者指其迷，均有轉移風化之意焉。
夫子生當周末，賢聖之君不作，學校之政不修，而離經畔道者流，乃
得簧鼓乎一世，議者以爲氣數使然。曾亦思明正學者之無其人乎？
且夫正學之不明，一在不思，一在不學，非必即入岐途也。第同服
詩書之教，而誤於錮蔽者半，誤於危疑者亦半，卒至啟別戶分門之
侶以指摘之端，而修途轉壞，非必即乖正道也，第共爲聖賢之徒，而
中於茫昧者有人，中於惝怳者又有人，卒至開索隱行怪之流以觝排
之漸，而吾道日孤，罔也殆也。正學不明，異端所由起也。子於是
爲正學決其失，曰：學而不思則罔，思而不學則殆。而猶慮異學之
爭勝也。復爲異端指其迷，曰：攻乎異端，斯害也已。吾黨類記之，
凡以立吾學之大防而已。聖人之在上也，有君相之權，德行則董之
司徒，訓典則掌之太宰，而權謀術數與一切衆技百家之説，舉未嘗
欺乎世以惑乎民。夫豈運會之獨古哉？蓋人心端於向往，而心維
口誦，得以定其趨。斯世俗安於庸常，而炫異矜奇，無從張其燄。
故成周之世，不聞有邪説詖行之輩雜出於其間也。風會既遷，而正
邪日混，聖心能無滋戚哉？聖人之在下也，有師儒之責，服先王之

法服，誦先王之法言，而怪誕支離與一切虛無寂滅之爲務使鉗其口
而奪其氣，夫豈懲創之故勞哉！蓋詩書之澤既湮，而愈幻愈奇，弊
日起於學校，斯詭祕之門益啟，而愈變愈厲，禍適中於人心。故叔
季以來，不復有仁義道德之儒奮興於其際也。世風可挽而救正有
權，聖心其有厚望哉。嗟乎！春秋之世，異端之患，少息於戰國者，
皆由夫子之學以正之也。厥後楊朱墨翟輩出，而鄒嶧之賢，所由繼
洙泗而興也。

　　筆意磊落不羣，頗有"捫蝨而談，旁若無人"之概，足徵伏
案功深。（原評）

子曰：學而不思則罔，思而不學則殆。
子曰：攻乎異端，斯害也已
（馬太尊課正取三名）

梅映奎

　　學思不可偏廢，恐異學之害乎正學也。夫罔之弊由於徒學，殆
之弊由於不學，皆不善用其思也。極其弊而遂流於異學，其爲害尚
忍言哉！且春秋有聖人，固欲以學傳人，而維持乎正學者也。苟學
焉而卒至徒學，且學焉而反至廢學，又或弊之所極而入於歧學，皆
大聖人所爲深概者也。今夫學也者，所以治其身心，以期歸於正而
已。然而正學之所賴以傳者，亦惟學而能思，思而能學也。是則學
豈可不思乎？名物象數之繁，要亦無難博洽，而未究其意旨所歸，
則耳若爲之未聞，目若爲之未見，是罔而已矣。且烏知罔之中不有
所涓惑哉！蠢愚本自性成，務淹雅之稱，而法律刑名，且多方涉獵，
知識毫無決擇，喜新奇之境，而邪説詖行，且盡爲依從，罔之弊，伊

於胡底也？是則思豈可不學乎？曰用事爲之天，豈可附諸空虛，而不本諸踐行之實，則意徒託諸懸渺，心惟入乎微茫，是殆而已矣。且烏知殆之中，不更有所紛營哉？立志務爲高遠，厭中庸之道，而心思智慮，頓入奇袞，制行鄙乎平常，慕荒邈之談，而材力聰明，恣爲隱怪，殆之弊，曷可勝言也？罔也殆也，皆其廢乎學，而駸駸乎入於異端者也。何則？先王教澤之遺端，賴吾儒所維繫，苟未能臻乎至善，則致心致力，偏尚焉而其業遂荒，而異說紛歧之盛，皆因僞士以蔓延，惟未嘗造乎至中，則學曲思邪，旁鶩焉而其流滋熾。惟然而攻乎異端者，亦惟不思之故耳。

　　自聖學不明，貿貿者盡甘於沉溺。其學非不廣博也，正惟徒尚廣博，而不思以擇其要歸，則暗昧滋甚矣。師心自用，反假詩書之糟粕以文其昏庸；率意而行，偏援古訓之幽深以成其堅僻。攻之專即罔之至，罔之至即害之大也，而何能使其學之明哉？惟然而攻乎異端者，又惟不學之故耳。自正學不實，泛泛者每入於他歧，其思非不研窮也，正惟徒恃研窮而不學以固其基址，則紛務良多矣。行僞而堅，其畔道離經，既隱敵乎吾道；言僞而辨，其充仁塞義，更厚誣乎斯民。攻之精，斯殆之甚，殆之甚，斯害之深也，而何能使其學之實哉？要之，學也者，所以治其身心而統歸於正者也。夫子恐學思之不善而或入乎異學也，故並戒之。

　　　　以學字貫穿兩章，全題在握，舉重若輕，至其交互説來，層層俱有精義，不同浮光掠影之談。（原評）

子曰：學而不思則罔，思而不學則殆。
子曰：攻乎異端，斯害也已

（馬太尊課正取四名）

李伯勳

弊有見於一心者，聖人兩揭其失焉。夫思學廢則罔殆生，異端攻斯異端熾。子也兩揭其失，不各有其弊哉？且春秋有孔子，本大中至正之道，轉移一世，亦期其無弊於人心耳。自求道者不能交致其功，則心之滋弊不一；自悖道者竟至誤用其力，則心之流弊愈深。於此而指其弊之所由生，使吾儒進其功修，世俗端其趨向，或有得於心，或不失其心，而人心於以無弊焉，此則大聖人所深願也。今夫日用有交修之業，習其事即凝其神，何致有罔殆？倫常有不易之經，窮其源復溯其本，何致有異端？夫子知道之體驗宜精，而望之切矣。知道之關係甚大，而慮之深矣，修爲之無盡也。證今考古之胸，往往因採擇之精，研求之密，以希夫賢聖，而膠於一者，遂以通儒自命，大戾乎中。直使無盡之修爲，至此已爲有盡氣運之可憑也。欺世盜名之輩，往往假深僻之理，隱怪之行，以惑夫庸流，而入其中者，每以錮蔽日深，不知所止。又使可憑之氣運，至此亦復難憑，自學思何遽流於罔殆也？有祛其罔之功，憤悱能通，已無微之不顯；有救其殆之力，體行既密，復無危之不安。大道默獲其指歸，而課實課虛，絕少一成之臆見，而學思偏廢者不知也。曰異端，已貽害於無窮也。知害之延於斯世，循途守轍，寂滅可以不崇；知害之見於將來，習故蹈常，虛無更非所尚。吾儒隱持夫風化，而制心制事，自無妄用之精神，而攻乎異端者不知也，至理何可淺嘗哉！讀書而不識其故，雖象數亦新奇之物，何論義蘊之深；

窮理而不親其事，雖晉接亦恍惚之鄉，何論躬行之實？縱不至成
爲堅僻，泥經術而害及生民，乃自詣力多偏，撫心已不堪。自問子
之言正有爲也，而胡弗觸境會心，使靈明之獨闢？而胡弗知新温
故，使神知之能通？歧途何堪誤入哉！詩書禮樂之弗聞，放其心
別具精心，安望迷途之可返？邪説淫辭之將作，專其力不遺餘力，
安望聖教之同遵？姑無論羣相效尤，壞人心而釀爲風俗，即此聰
明誤用，返已其何以自安？子之言不容忽也。而胡弗防微杜漸，
不使貽患於將來？而胡弗崇正黜邪，不使爭鳴於後世？人心之
弊，可不清其源哉！

　　思沈力厚，飽湛匀圓。（原評）

曰：禮後乎？子曰：起予者商也。 始可與言《詩》已矣。子曰：夏禮 吾能言之，杞不足徵也；殷禮

　　（如都轉課正取四名）

趙鑾揚

　　於禮悟尚質之意，更即禮思尚質之朝焉。夫禮後者，必以忠信
爲質，猶繪事必以素爲質也。商悟之而子嘉之，彼尚質之殷禮，不
可進念於夏禮後乎？且夫禮未有不以質爲貴者也。賢者得禮意，
故進參一解，而於尚質之旨會其通；聖人定禮儀，故追溯兩朝，更於
尚質之時思其制。一相契於同堂，一抗懷於舊典，覺即禮而悟之，
有質乃以有飾也。亦據禮而論之，尚質可繼尚忠矣。繪事後素一
言，子不過就詩言詩，明其以素爲質，原非同殷禮之尚白也。乃商
也恍然於後之説，悠然於詩之外，曰禮後乎？禮本乎天，則等殺威
儀，無論夏造與殷因，皆有踵事增華之勢。自有商言，知必有立乎

其先者,覺天秩天敘皆可作後觀也,則及門可索解人矣。禮成於
人,則名物度數,無論夏時與殷輅,皆有日趨繁縟之機。自有商言,
知必有操乎其本者,斯人紀人綱,無在非後起也。則匡居可與晤歌
矣,起予而可與言詩,子聞禮後之悟,非深許其能尚質乎?且夫就
禮而悟尚質之意者,賢者自闢新機也;論禮而思尚質之朝者,聖人
難忘家法也。蓋子夏引伸觸類,憬然於先王制作,必以忠信爲宗,
故本尚質之意,曲以相詢,斯函丈之深情,直契於挖雅揚風以外。
而夫子望古情殷,慨然於安邑遺規,無望後來法守,因即尚質之朝,
悠然遐想,而湯孫之典,則猶可溯聲靈赫濯之時。不然,夏禮能言,
杞不足徵矣。夫子又何必思殷禮哉?殷禮之同於夏者,共球畢集,
無殊玉帛之來朝;旂鉞告虔,猶是羽干之可格。燦然昭大備,已堪
屬百世之人心。又況邑歌翼翼,立極四方,政希優優,是遒百禄,其
禮之見於詩者,更不知若何美備也。望景山而思尚質之遺,六百祀
國祚靈長,胥於其禮繫之矣。子氏之流風未邈,安得不高望於夏禮
後乎?殷禮之異於夏者,器重斝尊,形不同於巖俎;冠名章甫,製亦
殊於毋追,煥然立隆規,已可備百年之法則。矧復率履不違,頌興
桓撥,執事有恪,道著溫恭,其禮之寓於詩者,更不知若何休明也。
入亳邑而訪尚質之舊,六七作神明呵護,胥於其禮卜之矣。商頌之
遺什僅存,又能不深懼於夏禮後乎?奈何一言殷禮,其無望於殷之
後者,竟與夏禮同耶?

　　以尚質作主,縮合自然。後比同異二義,詮夏殷輕重得宜
尤妙。詮禮處皆用詩語,文心靈敏乃爾。(原評)

子曰：士志於道，而恥惡衣惡食者，未足與議也。子曰：君子之於天下也，無適也，無莫也，義之與比

（林都轉課正取三名）

解開元

聖人以守道行義望天下，一示戒，一示法焉。夫志道而計衣食，非士也；比義而化適莫，真君子也。子則一示戒，一示法，非以守道行義望天下乎？且儒生何以立品行？惟恃嚮道之專；至人何以善措施？惟恃精義之學；而道要未可卑鄙求也。克念苟參罔念，何能立希賢希聖之基？而義要未可固執敗也。精心不涉成心，自能妙盡利盡神之用。大聖人日以守道行義望天下。所爲勵操持而示裁制者，固自深且遠矣。今夫識量不極於廣大，不足以策進修；因應不妙其化裁，不足以禦蕃變。然則欲定士之品而觀君子之真，夫亦決之於道義而已。人苟與往聖爭修能，必不與庸流爭榮辱。被服詩書，何知文繡？壓飫仁義，何羨膏粱？道以內有專營，道以外無兼營也。識者於此，覘立品之高焉。人苟先事無窮理之功，斯臨事鮮折衷之識。堅持己見，經術誤人；自詡通方，摸棱病國。顯背乎義者有成見，陰託乎義者無定見也。識者於此，歎制事之難焉，而奈何有恥惡衣惡食者乎？

子則曰："士志道而恥之，未足與議。"所以示戒也。而誰其爲無適無莫者乎？子則曰："君子於天下則無之，惟義是比。"所以示法也。理欲不容並立，一念求溫飽，一念復課姱修，將外重內輕，患不在學術而在心術。是非自有定衡，此心妙時中，此心早絕意，必知揆幾度務，道不在圓通而在變通，修途自遠大耳。儒者聖賢自

113

命，恆存愧勵之心，特怪誤用其恥者，卒爲儒林所不齒也。將與之議學問，而俗情未化，談名理則徒託空言；將與之議操修，而世味未忘，聞至論則漠不相入。儒林中人，不適爲流俗中人乎？念及門，縕袍自甘，忮求悉泯，簞瓢足樂，憂戚不形，是誠深造有得矣。

尚期爲士者静心參之，宇宙至繁賾耳，庸流措置無方，不免紛紜之見，要惟順應天下者，乃覺攸往之咸宜也。有時義所當行，爲千古創奇功，而非同鹵莽；有時義所當止，爲一身全介節，而不類孤高。膠執者鮮通，何如從容者悉中乎？念生平所欲從心，行不踰矩，假年學《易》，動必以時，庶幾應務無失矣。尚期與君子平心證之。

局正詞醇，斟酌飽滿。（原評）

子曰：士志於道，而恥惡衣惡食者，未足與議也。子曰：君子之於天下也，無適也，無莫也，義之與比
（林都轉課正取四名）

何聚元

聖人以道義範天下，所以去其私心也。夫恥在衣食，私情也；事有適莫，私見也。夫子以道義範之，非以去其私心乎？且天下無道外之聖賢，斯世亦無義外之君子。蓋道以範一世之人心，背道以求之，心與道離者，道難與心合矣；義以應天下之事務，精義以持之，事與義愜者，義不與事歧矣。正一己之趨，外物不擾；極化裁之用，成見胥融，斯意念專而機宜協焉。今夫夫子曰"以道義範天下"，而天下不能衷夫道合乎義者，夫亦入道之心未專，精義之學未至耳。廉隅之飾，君子所重，小人所輕；歆羨之端，庸衆必爭，聖賢必斥，理欲原無並立。果使去其妄念，斯精神意氣皆足植斯道負荷

之基。矜曠達之懷，非失於浮沈，即失於恣肆；挾偏私之見，非鄰於
鹵莽，即鄰於因循。是非本可相權，使必預設成心，將固執拘牽，何
以極精義入神之詣？則盍觀士之志乎？人必有體道之懷，而後可
與深討，論未端趨向，而輒語以身心性命之微，勢必格而不入也。
夫子曰："是有所恥也。"恥不在道之中，而在道之外也，則未足爲議
道之士也。則盍觀君子之於天下乎！人必有集義之學，而後可以
語權衡，未泯偏私，而輒詡爲作則，因心之妙，勢必窒而鮮通也。夫
子曰："是有適莫也。"適莫竊義之似，即以失義之真也，亦未嘗爲比
義之君子也。子於是爲士惜焉。平居苟未深講道之功，則趨向多
歧，責備不妨或恕。乃性情學問既欲與斯道爲緣，而紛華靡麗之
中，又復時縈其念慮，志趣亦何卑也。夫精微莫測之原，力行猶恐
其或遺，矧屬浮慕；義理難窮之蘊，深體猶慮其難解，況在淺嘗，扞
格其難通也。求道者其知所返哉！子於是爲君子望焉。夙昔苟未
精喻義之學，則樞機既窒，膠柱不免時形，乃得失從違。既欲以斯
義爲準，而因應施措之際，又復妄用其聰明，範圍亦奚自也。夫先
事握靈明之宰，是非可否顯爲燭，豈必預爲籌？臨事絕迎距之機，
鎮靜從容守其經，要非滯其迹，宰制其有權也。析義者其知所法
哉！此夫子以道義範天下也。

其言明且清，其氣疏以達。（原評）

子曰：參乎！吾道一以貫之。曾子曰：唯

（蕭邑尊課正取一名）

王恩湘

傳道於體道之人，宜其悟道速也。蓋參體聖道日久，已於一貫
之旨有漸合也。自子詔之，而參進矣，應之曰唯，有以哉！且教者

傳道之心，必視學者體道之心以相爲感觸，非故祕之也。教非其
人，淵源無由喻；學非其候，領會必不神。惟真積者深，斯片語之精
微，無妨直揭；惟力行者久，斯當前之指示，無待徐參。不知者以爲
賢者之善悟焉，悟固不若是之易也。今夫道原一本，分之而無所不
賅；道散萬殊，合之而總歸於約。凡在吾黨，宜皆致力其中而有得
焉。日者子乃以之詔參，何故？想其述大學之傳，明德新民，本與
末已各窺其量，然而末之所在，本即寓焉。因本知末，道以恢而宏；
因末溯本，道以返而約也，而參將渙然釋也。抑其稟孝經之訓，至
德要道，始與終已各識其歸，然而終之所圖，始所基焉。由始及終，
明道者之功；由終反始，入道者之漸也，而參將豁然通也。子曰：參
乎！吾道一以貫之。一似信道者止一參，而於參不待煩言也；一似
求道者不止一參，而惟參獨能默會也。子豈有私於參哉？參豈有
待於子哉？蓋學以久而漸悟，疑者既信，信者即不復疑。故授教必
因材，亦祇即其生平造就之程，以與爲誘掖，而機以引而即開，淺者
見深，深者無妨見淺，故會心不在遠，適以觸其素昔持循之願，而無
俟躊躇。曾子應之曰：唯，於其唯時信之乎？亦以其體道者久也，
造詣未可強同耳。回契諸心，與言足發，參課諸力，有感斯通，似亦
立判低昂矣。然而信道則一也，使非因端竟委而不滯其機，何以入
耳會心，而獨神於應？知此中之旨趣，關功修，不關領悟也。向於
道參以迹，今於道融以神，參也益奮然興矣，夫復何煩索一解哉？
力學，究難一轍耳。賜以知進，聞而復疑，參以行求，呼而即應，似
亦稍分優絀矣。然而入道則同也，惟能因分求合，而積累已深，斯
足由粗致精，而遲疑不事，知一念之會通在平時不在當境也。向於
道可與立，今於道可與權參也，其倜乎遠矣，夫又何庸贅一詞哉！
此皆由其體道來也，彼門人又烏足知之？

　　思周藻密，脫手彈丸。（原評）

子曰:參乎! 吾道一以貫之。曾子曰:唯

(蕭邑尊課正取二名)

徐維域

聖道以魯得,詔之真而應之速焉。夫詔參以一貫之道,以非參莫喻也,應之曰唯,聖道不以魯得乎? 且聖賢之契合以心,而聖賢之授受以道,要非其人莫能言,非其時莫能悟也。未得其人而概以道示之,安能豁然而無疑? 未至其時而遽以道示之,奚必應之而如響? 惟當真積有得之餘,顯示以事物同原之體,一時傳道者殷然,聞道者恍然,而聖賢之心遂契合於無閒。昔子於曾子,知其學將有得,而於道之發用,雖已洞悉於心,尚未明其從出之本也。亦已力行諸身,猶未知其歸宿之原也,故詔之曰:參乎! 亦知吾道固何如者乎? 萬物亦至繁矣,必纖悉以求之,則心亦粉而莫給。吾道則有甚簡者焉,粹然者,祇此一心,而寂然不動,感而遂通,此心能與一物合,此心自能與萬物融。舉凡眾物之紛呈,莫非此心之所積而流也,參亦求心所凝聚而已。萬物亦至賾矣,必觸類以索之,則理亦廣而難窮。吾道則有甚易者焉,渾然者止此一理,而無極之真,二五之精,一事止此主宰,萬事即共此範圍。舉凡眾事之散著,無非此理之所周而至也。參亦思理所統會而已,一以貫之。子之詔參,殆以非參莫喻乎? 而曾子何如者? 其慎獨既深,實見夫道之發見,必有由不一而歸於一者,與吾身為貫澈,而當躬之循習,一經當境之發明,覺言簡意賅,片語已得傳心之要。其省身既久,深究夫道之指歸,更有本至一而散為不一者,與吾身相貫通,而意外之提撕,適合意中之蘊蓄,則心領神會,一言已會眾理之歸。維時曾子如啟其新,如逢其故,遂直應之曰唯,而要非曾子莫能喻也。真積力久

之餘，亦將深觀而有得，而教言忽及，顯與昭示其本原，應之能勿速乎？夫尋流朔原，文章即性道所由寓；由博反約，下學即上達所由來，此即一貫之明徵耳。參而頓悟若斯也，未唯則已有獨得，既唯則適若同符，傳道賴吾徒，匪異人任矣，不幾與不違如愚者，同一無言不説也哉！而要非夫子，亦莫能使曾子之悟也。指示維殷之下，原難相喻於無言，而啟發有真默以會通夫旨趣，應之尚何疑乎？夫大學功深，已識誠意正心之本；孝經行著，早會至德要道之歸，此即一貫所由得耳。參而得與於斯也，唯之時絕少稽留，唯之後無需質問，大道索解，人在俄頃閒矣。豈僅如多學而識者，尚有疑信之難決也哉！而子可以出矣。

　　理精法密，心手調和。（原評）

子曰：參乎！吾道一以貫之。曾子曰：唯

（蕭邑尊課正取三名）

朱起鵬

　　道有傳人，契之深者，應之速矣。夫一者道之體，貫者道之用，明其旨者惟曾子，宜夫子呼之而恍然歟！且天下有一事，即有一道。道散於事物之著，渾言之而類有萬殊；道通乎性命之微，約言之而要歸一本。一堂授受之下，語之者祇統示以大原，聽之者遂默會於當境，夫乃知聖賢之契合者深，而其相喻於意言之表者爲至捷也。聖門有曾子，學先任重，志切習傳，蓋心體力行，蘄至於聖人之道也久矣。一日者，子呼而告之曰：參乎！亦知吾之道爲何如乎？蓋嘗靜驗之，形形色色，鳶飛魚躍，具載端倪，敦化川流，悉含奧妙，兩間之底蘊，極之鉤深致遠，未易明言矣。道之散者，必有以通之，所貴得其指歸焉。因而進求之。本本原原，類天地之情；反終原

始,通神明之德;彰往察來,至理之機。緘極之窮變通方,要非泛騖矣。道之分者,必有以合之,所貴守其簡易焉。吾道一以貫之,夫子之言,蓋知曾子真積力久,特呼之而使自悟也。而曾子固何如哉?其在夫子之傳道也,從心不踰,而後胥徵時措之咸宜,故常變經權,隨在皆能順應。所以片言居要,出其所獨得者,急與提撕而語焉。獨精自見,所施廣者所操約。其在曾子之體道也,隨事精察以來,漸識淵源之所屬,故精粗表裏,畢生已喻隱微,所以聲入心通,本其所默契者相爲領受,而應之彌速,不覺觸而長者引而伸。曾子曰唯,而一貫之道,信不虛傳矣。萬不敢唯諾從事,適類乎漫聽漫應之流,乃提其耳而觸其心,言者猶若含意之未伸,聞者不啻取懷以相與會心不遠。子蓋早窺其積累已深,遂以吾道示之也。而一時之如響斯應,固在夫子之意中亦不同。唯起是循,徒守夫召而無諾之義,乃洞於心而形諸口,在詔者並無後命之需,在應者已不煩言而悟。解人難索。子又默慮其精微未悉,因以一貫詔之也。而爾日之有感斯通,幾出夫子之意外。蓋聖門之傳道者惟曾子,有曾子之唯,而一貫之道遂傳於萬世云。

提比精湛,後比圓融,餘俱穩稱。(原評)

子曰:君子喻於義,小人喻於利。
子曰:見賢思齊焉,見不賢而內自省也
(黎觀察課正取一名)

林駿元

立正心修身之學,勉人以所喻所見焉。夫辨義利於君子小人,正心之學也;嚴思省於賢不賢,修身之學也。子並論之,人盍勉諸?且夫人品之高下無常,不燭其微,何以窺厥蘊?人生之智愚無定,

不嚴爲辨,何以課其功?亦視夫心與身而已。心不能無所趨,而循理與任情斷難相假;身不能無所接,而觀摩與惕勵,倍切交修。兩途也,而一心分之;兩人也,而一身鑒之。夫是以公私判焉,勸懲昭焉。今夫心有正亦有邪,衡品者貴具澄觀之識;身有法亦有戒,好修者宜求集益之方。此君子小人所由分,賢不賢所宜擇也。倫類之知能各具,而中情所注。胥殫畢世之聰明,其心本乎公者,萬事協權衡之則;其心從乎欲者,百端皆機變之才也。窮智慮以微窺,直以一心定善惡之途,而難欺凥夜。學問之攻錯無方,而品詣所昭,悉爲藐躬之考鏡。其身所當近者,主善即以爲師;其身所宜遠者,借鑒亦能獲益也。竭精神以默證,特以一身立從違之範,而並盡功修。然則君子小人,可不觀其喻乎?君子學嚴砥礪事爲,常循天理之公;小人術肆營求,忠孝亦爲沽名之具。一念稍疏於鑒別,恐誤於真修者半,失於僞爲者亦半也。判之曰喻義喻利,而正心之道得焉矣。然則賢與不賢,可不徵諸見乎?賢者爲先路之招,要貴後塵之可步;不賢即前車之鑒,應知覆轍之堪虞。當境稍怠其修爲,恐鄰於浮慕者非,等於膜視者尤非也。勉之曰思齊內省,而修身之事備焉矣。夫爲學者,貴慎於其微耳。純儒礪廉隅,俗儒亦矜介節;名流奉圭臬,恆流亦附門牆。究之蘊於衷藏者,危微何以嚴其界?願言觀止者,聖狂何以示之程也?其爲學有不容寬假者矣。名教綱常,君子矢於性功者,小人反藉爲身家之計。視聽言動,賢者示其矩矱者,不賢亦足爲炯戒之資。義與利定其趨,思與省策其力,而正心者當端祈嚮矣,修身者胥荷陶成矣。抑觀人者宜辨之於早耳。懷德懷惠,當局不必明言;宜改宜從,旁觀曷嘗相示?不知隱微未達者,理欲奚以燭其幾?淡漠相遭者,得失奚以惺其志也?其觀人有不可混淆者矣。世途無夷險,君子性天相見者,小人恆存趨避之私;德業貴漸摩,賢者道岸同登者,不賢亦懷冰淵之懼。義與利無可假,思與省不敢疏。而區真僞者,心可正矣;知愧勵者,身可修矣。

　以正心修身按切兩章，鑪錘在手，杼軸從心，揚之高華，按之沈實，斯謂愜心貴當。（原評）

子曰：君子喻於義，小人喻於利。
子曰：見賢思齊焉，見不賢而內自省也
（黎觀察課正取二名）

趙鑾揚

　嚴心術學術之防，審之於所喻所見而已。夫君子小人與賢不賢，皆品之已成者也。一抉其所喻，一慎其所見，非欲嚴心術學術之防乎？且吾夫子刪書而道闡危微，繫易而益占遷改，固欲合心術學術而爲萬世立大防也。故有時辨公私於方寸，克念罔念，無非一念所由分；有時昭法戒於當前，觀我觀人，要貴參觀而有得。吾黨連類記之，而後知心術因人而判，學術亦隨遇而成，夫固辨之宜早辨也。不然，論心術則有君子小人之分，論學術則有賢不賢之別。夫人而知之，而子獨殷殷焉審其所喻，慎其所見者，何哉？蓋忠孝節廉之事，本屬中庸，而務實務名，此際之機緘，亦分理欲。苟不深探其隱，將誼涉尊親，或蒙汙辱，心薰位祿，反獲聲名。聖狂各判之謂何？曷弗即品量所已呈，嚴其辨於隱微之地？抑往來酬酢之交，有何學問，而或損或益？此中之遇合，盡是師資，特患淡泊相遭，將高山可仰，既失景行，比匪堪傷，更忘警戒。出門有功之謂何？曷弗即周旋之偶值，儆其心於觸目之時？無他，君子小人，其所喻者，正其不能共喻者也。

　功名亦快意之場，君子則祇知循理；經術本驗心之具，小人則藉以文奸。雖縱情孤往，是非尚在無形，而意念所專營，遂各極其途以自逞。子曰：君子於義，小人於利。蓋固結於所喻者深也。至於賢不賢，其所見者，更不可徒見者也。賢在人，而片刻欽承，如導先路；不賢在人，而一時對鏡，堪作前車。雖邂逅無心，彼此毫不相涉，而神明所刻勵，隨在返諸己而難安。子曰：賢而思齊，不賢而內省。蓋審慎於所見者真也。必待實有所喻，實有所見，而義與利始分，思與省始切。是未喻之先，邪正尚多中立；未見之先，美惡不免混淆。喻與見猶泛也。惟積於平居者久，則材力聰明，君子與小人各行其是，孚嘉剝吝，賢與不賢，無在非師，真偽於此分，勸懲亦於此分，觀人修己，無二理也。子能不辨之於其微哉？抑或偶有所喻，偶有所見，則義與利雖異，思與省雖殊，而既喻以後，情或有時而遷，既見以後，志或有時而懈，喻與見猶虛也。惟繫於內念者深，斯事雖一致，義與利終判爲兩途；學無分營，思與省直併爲一念，人品於是出，學問亦於是出，從善從惡，任自擇耳。子所爲相提而並論哉！故曰嚴心術學術之防者此也。

　　掃淨浮詞，別饒清氣，用意用筆，迥不猶人，的是雋才。
（原評）

子貢曰：夫子之文章，可得而聞也；
夫子之言性與天道，不可得而聞也。
子路有聞，未之能行，唯恐有聞
（馬都轉課正取一名）

趙鑾揚

　　兩賢各尊所聞，達與果益見焉。夫以子貢之達，聞何弗得？以子路之果，聞何足恐？乃一悟於性道，一迫於未行，其達果不益見乎？從來生而能知，安而能行者，聖人之學也。而學聖人者，要各隨其識力之淺深，以尊聞爲行知之準。何也？識不足以辨教之等，則會通無自，由其粗難及其精；力不足以赴學之程，則竭蹶弗遑，勇於前必怠於後。惟聞所未聞，獨神會悟；聞不一聞，彌切悚惶。斯其識力之所臻，爲已至矣。不然，聖教以聞爲啟迪，達如子貢，何難遽底於精純？吾學以聞爲進修，果如子路，何至常存夫歉仄？而願兢兢於得聞與不得聞，有聞又恐有聞者，此何故哉？蓋教術原無畛域，而見深見淺，要隨學人之功候爲憑。所以顯而易見者，第循無隱之常；微而難窺者，別具罕言之妙。聖功無躐等，此上達必由下學也，特未窺其蘊者不悟也。人事詎有定程，而斯邁斯征，實由一己之憂勤所迫。試思策之於先者，何敢馳電皇之力？迫之於後者，更誰爲責備之寬？功業無窮期，此積奮所由生愧也。特未歷其境者不知也。夫然而子貢恍然矣。平時瞻望宮墻，祇自侈陳夫美富，不謂窮神達化，此中悉寓精微。今而後，賜不爲聞所囿矣。可聞者文章，不可聞者性道，殷殷焉若有所獨得者，蓋其悟於得聞之後也有然。夫然而子路皇然矣，畢生修途電勉，何時敢懈其仔肩？況復迭起環生，隨事易滋叢脞。甚矣哉！由直爲聞所迫也。既以已聞策未行，更以未行慮復聞，惴惴焉若有所甚恐者，蓋其惕於有聞之後也有然。於以歉兩賢有各盡之功焉。使子貢一得自矜，則至理之精深，奚由貫徹？使子路躬行未逮，則事爲之紛賾，惟事張皇，聞負所聞，安得各臻其極乎？乃一則淵源默會，本多識而悟一貫之傳；一則悚惕維深，以入室而策升堂之力。達與果各成一詣，故即其可以推其不可，滿志之下，幾費躊躇；幸其有，又恐其復有奮勉之餘，轉多危懼也。而子貢難已於言矣，而子路難緩於行矣。又以見兩賢有相成之詣焉。使子貢推行不事，何以優游自化，直造高明？使子路信道不深，何以奮迅無前，猶深顧慮，聞無異，聞不誠，交修不逮乎？況賜則即淺見深，一言亦奉可行之恕；由則有進無止，終身亦求是道之臧。達與果同此純修,斯知文章胥根性道,聞與聞彌引而彌深,本恐聞以策未行,聞與聞愈多而愈迫也。而子貢非無所行矣,而子路非無所得矣。故曰各尊所聞,達果益見也。

穠纖得衷,脩短合度,雅與題稱講首,尤勝人一籌。(原評)

子貢曰:夫子之文章,可得而聞也;
夫子之言性與天道,不可得而聞也。
子路有聞,未之能行,唯恐有聞

(馬都轉課正取四名)

林駿元

即兩賢以驗所聞,達與果悉見焉。夫達如子貢,特尊所聞;果如子路,恐負所聞也。一悟之於言,一惕之於行,兩賢之學不可見乎?今以尊聞行知之不易也,惟識之精者,循序始堪漸進;力之奮者,好修常若未遑,大抵皆求無負所聞耳。無隱者,聖人之教,窮原溯委,識由明而可進於誠;無盡者,學士之修,竭慮殫精,力雖優而時虞其絀。會悟獨神,其識卓焉;悚惶倍至,其力專焉。夫乃知兩賢之造詣,胥於此而徵也。今夫聖學原難捷獲,悟所聞者,漸底精純,至理豈有盡藏,勉所聞者,彌形悚懼。惟然達如子貢,果如子路,是可即所聞而共驗之。夫人盡秉純粹之資,則啟迪何分於深淺?惟此賢愚攸判,斷無強合之修能,近求之為外著之華,遠求之為內含之美也。輝光基於篤實,而俗儒記誦,安知聖教之淵源?夫人悉具剛強之質,則修為何論乎後先?惟此志願既奢,無日稍寬其責備,泛言之為兼人之概,切言之為困學之功也。兩念課於一心,而志士婟修,殊覺寸衷之奮迅,夫然而子貢之於聞,無滯機矣。文章為形迹之昭,易知梗概,性道乃精微所蘊,孰悉指歸?始歎可得而聞者，有象之威儀，不可得而聞者，無形之神化也，而達者已擴其識也。夫然而子路之於聞，無歉量矣。勇往者行如未逮，不敢告勞；淬勵者恐乃彌深，時防自棄。若以前有所聞者，既慮始勤而終惰；後有所聞者，又虞紛至而沓來也。而果者早貞其力也，於以見兩賢之造就純焉。夫華士詩書邀譽，特矜洞悉夫淵深；偽儒頹廢自安，輒謂頡頏於賢聖。得賜與由以爲之法。可知片語有難明之旨，一息無可懈之功矣。神明不廢於半塗，勵勤修而精粗自喻；懋勉不隳於末路，經閱歷而歉仄良深。明强其勘實功，其得聞不得聞者，由淺可以及深；既聞恐又聞者，因喜反以成懼也。而達者恍然悟矣，果者奮然興矣，更以見兩賢之學脩粹焉。夫性命徒論高深，流俗反忘夫切近，功力自矜，銳進歷久難望其黽皇，得賜與由以示厥型，可知吾儒無躐等之程，畢世有常貞之志矣。至教特神其領會，偏端即爲全體所賅，平生弗謝其仔肩，一日即爲百年所繫，智勇胥徵實獲。其聞與聞相引者，探索之際有解人；其聞與聞交迫者，鼓舞之時無怠意也。而子貢無慚於達矣，子路已徵其果矣。

氣疏以達，筆清而腴，融洽分明，畢宣題蘊。（原評）

子貢曰：如有博施於民而能濟衆，何如？可謂仁乎？子曰：何事於仁

（馬太尊課正取一名）

趙鑾揚

設遠略以言仁，而仁之量已溢矣。夫第曰博施，已覺不止於仁，況極之於能濟衆乎？子貢殆遠視夫仁也，子故以何事曉之？且自有仁能致遠之說，幾疑非遠不足以言仁矣。豈知虛言仁而見爲不足者，實言仁已見爲有餘，非兩歧也。學者馳情遠大，故侈談胞

與，深求焉猶慮淺求；教者默寓裁成，故進核性功，衡量焉殊嫌逾量。不然，仁道至精，詎分優絀？何見爲不足者視仁甚重，見爲有餘者又視仁甚輕耶？吾黨有子貢，從事於仁久矣。夫既從事於仁，自必於仁得其精，何止於仁求其是哉？乃猶求仁之謂，而不得侈然以施濟問也。何故？彼蓋念同仁者天地之心，使萬物不遂其生，雖豆區釜鍾，終歸小惠。如有一闓澤覃敷者，而能令別聲被色之儔，莫不給求而養欲，則體功能於兩大，諒無慚生成覆載之名。寬仁者，帝王之量，苟一物不得其所，雖家賜人給，終屬私恩。如有一湛恩汪濊者，而能使四海九州之大，莫不頌德而歌功，則貽樂利於百年，應足副易直慈良之譽。曰博施，欲以極仁之量也；曰濟衆，欲以大仁之功也。曰何如，蓋疑仁固當如是也。曰可謂，又疑仁猶不止於是也。雖然，賜豈真知仁哉？蓋在子貢挾其馳騖之思，總覺仁道甚宏，不極諸兼容并包，難衷諸當，故一言仁而商所謂欲滿志而猶待躊躇。而在夫子，本具罕言之妙，又恐仁心未盡，轉至以窮高極遠，自昧其真，故即所謂以核乎仁一權衡而爽然若失，曰賜過矣。爾之所謂者，亦何事於仁哉？事必如乎其分，而後擬議乃真。若爾之謂仁，非如分直溢分也。家量亦厚施之誼，而以博爲極，何止仁德所充周？乘輿亦共濟之恩，而以衆爲衡，何止仁心所推曁？求仁自有定分，原責如分以相償，奈何舉天下不恆有者，竟溢分而道之乎？信如是言，恐他日入德無由，輒藉口於求仁之太苦，未始非施濟之說誤之也，爾何得溢視乎仁之分哉？理必稱乎其量，而後折衷始當。若爾之謂仁，非稱量，實過量也。博愛亦仁慈之道，而以施爲斷，何止舉念之痌瘝？衆母亦仁惠之稱，而以濟爲憑，何止無形之煦嫗？爲仁原有真量，自宜稱量以相加，奈何舉天下不易能者，竟過量而許之乎？自有是言，恐吾儒進修不力，皆諉咎於爲仁之甚難，何莫非施濟之說阻之也？爾何庸過視乎仁之量哉？施濟非止於仁也，必也其爲聖乎？

前半精心結撰，能將數虛字煞有體會。後二款款深深恰合當日立言本旨。至通體無一閒字，無一腐語，尤徵洗伐功深。（原評）

飯疏食，飲水，曲肱而枕之，樂亦在其中矣

（陳司馬課正取二名）

解開元

聖心有真樂，即處困而亦在焉。夫子之樂，本不因境生也，即疏水曲肱而亦在，殆無乎不在耳。且性分中有自得之趣，學問得而涵養之，境遇不得而轉移之也。足乎已者，不求於世，何慮困境之累人？全乎理者，不滯於機，無事曠懷以自適，念同堂簞瓢陋巷，其樂不改。此中之況味，竊願共證之爾。今夫人得於最初者爲最真，而後起之緣不得而問也；求諸在內者爲最切，而外來之物不得而參也。吾蓋有吾之真樂在焉。至區區口體之間，夫何足以見吾之樂哉！然而樂亦何常之有？大抵人生嗜好之故，情有同然。使必借淡泊以鳴高，謂困遯之餘可資練達，環堵之地別有快心，吾不必若是之矯人。世日用之，需任其自便，使必假放曠以明志，謂窮通不問，自信安貧，道際渾忘，託言知命，吾不必若是之拘吾，蓋有吾之真樂在焉。不必在飲食中，而亦不必不在飲食中也，雖疏食飲水而樂如故也。不必在起居中，而亦不必不在起居中也，雖曲肱而枕而樂如故也。半生素位而行，饘粥欽承，何知世味？羹牆如對，何間寢興。任天理之周流，第覺世境所遭，無入而不自得。平居藏修有志，安飽不計。文則見琴；日夜殫思，公曾入夢，聽天機之鼓盪，第覺成心俱化，盡可隨遇而安。吾之樂安往而不在哉？而又何嘗有定在哉？蓋亦在其中矣。吾非必樂疏水也，非必樂曲肱也，氣數爲

人生偶值之端，飲食居處，不過此身之寄焉。使以有心求樂，則有疏水曲肱之見存，而其樂亦滯。夫人惟不滯於物者，乃可與物俱化耳。有餘於疏水外者，疏水雖苦亦甘；有餘於曲肱外者，曲肱雖勞亦逸。俯仰而晤，行生之理，鳶飛魚躍，會心者領略無窮。此意特難爲局外人共道之，然疏水不能易吾之樂也。曲肱不能易吾之樂也。時命爲人生分定之事，食息動作，莫非吾位之素焉。使以委心爲樂，即無疏水曲肱之見存，而其樂有限。夫人惟不限於境者，乃可與境相安耳。樂超乎疏水之中，疏水勝於旨甘；樂超乎曲肱之中，曲肱勝於筦簟。優游而觀化育之流，沂水春風晤對中賞音可訂。此志特望與二三子共明之。吾蓋有吾之真樂在焉，窮無所損，即富貴又何所加乎？

實義虛神，兩無遺憾，於偏端見大體，於半面寓全神，應有盡有，融會貫通，大有指與物化之趣。（原評）

飯疏食，飲水，曲肱而枕之，樂亦在其中矣

（陳司馬課正取三名）

王兆蓉

至樂不關乎境也，有在者無乎不在矣。夫聖人之心，豈有疏水曲肱之見哉？然雖困而樂亦在焉，殆有無所不在者乎？且境之嗇於外者，有時備嘗，理之足於中者，無時或息。有至嗇之境，而入其境者，未嘗不困也；有至足之理，而全其理者，未嘗不超也；有至足之理以處至嗇之境，而入其境仍若出其境，全其理仍不虧其理者，又未嘗不融也。蓋飲食起居之地，其與吾心兩不相關也久矣。今夫人有自慊於心者，固將統畢世之窮通而漠不介意，任當前之困苦而盡入渾忘者也。則盍即疏水曲肱以驗此心哉？有生

之初，何物俱備？有生之後，何物長留？物則秉彝而外，真覺無可計較耳。而必離困窮以快意，即使離焉，恐亦非真快也。況乎其不離也，有求於世，安在不拂情？無求於人，安在不適志？饔飧動靜之間，無所庸其趨避耳。而必去貧賤以愜心，試問去焉，又果何所愜也？況乎其不得去也。如使口體之奉未能與之相忘，則養身與安身容有憾其所遇者，而何以一疏一水一曲肱未嘗戚戚於其中也？如使儉嗇之遭自覺不便於用，則適口與適體容有力求其甘者，而何以或飯或飲或枕未嘗介介於其中也？蓋道德之味，醞釀者深，不與外物為轉移，而天性之中，無時無真趣。故淡定之天，周流不滯，不以遭逢為增減，而身世之內，無地無天機。以此云樂，樂亦在矣。然則樂固不自疏水曲肱始也。沈淪泉石之徒，漱石枕流，謂為陶情之具，是本無所樂於心，而姑藉疏水曲肱以自適也，惡足以云在也！夫吾心本廓然耳，其中雖苦，而鳶飛魚躍，仍暢其機；其中雖窮，而時行物生，仍昭其趣。理得寰中，而心游象外。彼樂疏水者，猶是俗情耳；彼樂曲肱者，猶是陋見耳。然而樂未嘗以疏水曲肱間也。放蕩形骸之士，清淨寂滅，謂與境遇無關，是空言有樂於已，而故忘疏水曲肱以自恣也，又烏知其所在也？夫吾心有真機耳。其中雖狹，而天地同游，則何狹非廣？其中雖苦，而形神俱暢，則何苦非甘？與道大適，斯隨遇而安。以是為疏水之中，亦可託其興耳；以是為曲肱之中，亦可寄其情耳。而富貴又何加於我哉？

　　相題高人一籌，立意亦先人一著，亦精純，亦渾穆，超超元箸，吾何閒然。（原評）

子曰：文，莫吾猶人也。躬行君子，
則吾未之有得。子曰：若聖與仁，
則吾豈敢？抑爲之不厭，誨人不倦，
則可謂云爾已矣。公西華曰：
正唯弟子不能學也

（吳觀察課正取一名）

沈士鑠

　　聖人勉人以敦行之學，聖人終難辭聖仁之實焉。夫躬行之未有
得，夫子以身教人也，爲不厭誨不倦，辭聖仁之名者，已盡其實也。記
者故連類誌之云。且修士尚文詞之末，而莫勵修爲儒生驚聖仁之名，
而自甘退諉，皆非有當於聖心者也。大聖人知實功之難緩，而黽皇所
至，歉仄彌深，辭美名而不居，而詣力所臻，追從無自，乃歎華與實自
有專重，而安與勉無難共明已。今夫本末一貫，文章與性道同原，造
諸難誣。聖仁以媲修而至，若是乎文與躬行，非夫子孰能兼之；聖與
仁，非夫子孰能及之哉？然而夫子之意深矣。修途不尚浮夸，吾夫子
發憤敏求，何在不求諸篤實？乃撫衷自問，爲之反復而致詳，惟覺纂
修刪定尚可告人，而踐履則殊難自信也。此則夫子所親嘗者也。斯
人即好揄揚，豈夫子下學上達，品量尚未及高深，乃反己自思，爲之低
徊而詳審，殊覺道德渾全，非所可望，而功修則尚可自操耳。此或及
門所共喻者也。不觀夫子之論文與躬行乎？夫文即行之餘事，行即
文之實功。而子於文曰吾猶人，於躬行君子曰未有得，則文行有難易
之分，文行自有輕重之別可知也。不見夫子之辭聖仁而居爲誨乎？
夫爲誨必防夫厭倦，不厭倦即所以爲聖仁，而夫子自覺其可居。子華
則以爲不能學，則夫子辭聖仁之名，夫子早已盡聖仁之實可知也。且

夫黜華崇實之風，至叔世已不可復覿耳。詞章是詡，羣推淹雅之儒；
著作自高，共羨才華之盛。文采雖著，其於心性之功何如矣。豈知衆
人輕之而莫肯致力者，乃聖人體之而猶覺抱歉者乎？才猷皆外著之
端，道德有難窮之奧，其曰未之有得，殆即古人恥躬不逮之意也，而豈
故爲謙退也哉？且夫修己治人之學，在吾子固非有奇異耳。矻矻窮
年，不過盡其功於在我；循循善誘，不過公其道於羣倫。厭倦胥無，其
於渾化之修何歉矣！況乎聖人視之而以爲無奇者，正學者企之而莫
能幾及者乎？聖心若處於勉强，旁觀已見爲自然，其曰不厭不倦，又
即至誠純亦不已之意也，而豈尚可追蹤也哉？

　　息深達臺，養到機流，不事大力斡旋，自覺神情整暇。（原評）

可以託六尺之孤，可以寄百里之命

（馬太尊課正取二名）

王恩湘

　　於處常驗臣才，託與寄獨見其可焉。夫孤而僅六尺，命而僅百
里，勢雖微，猶處常也，然皆可託可寄焉。大臣之才已如此。且國
有長君，人臣得而匡襄之，國有大政，人臣得而分任之，斯幸矣。不
幸而輔幼君，理弱政，勢已出於不得已。然得一臣焉，卓然爲公輔
器，毅然爲社稷臣，從未有空語經猷以致此者，一爲實而按之而已，
識人臣驗才之地，自有真也。何則？任不委以重，大凡稍有擔荷
者，亦皆奮力而效馳驅。至舉一朝之統緒而危之曰孤，先王先公實
式憑焉。其才也德之，其不才也怨之，有當之而惴惴者矣。勢不處
於屛微，凡稍有經綸者，亦皆假手而圖報稱。至統一國之安危而重
之曰命，一成一旅，胥統攝焉，社稷賴之，民人亦賴之，有對之而惕

惕者矣。蓋第曰孤，第曰命，已有難於託與寄者，而遑論六尺乎？而遑論百里乎？夫然而可以託者，罕其儔矣。負扆而成一代之勳，尚不少流言四起，況乎無輔弼才也。古亦有事任匡王而感激酬恩，每涕泣而矢盟心之語，及主器者無長子，踐阼者有童心，雖曰切焦勞，有自歎挾持無具者，忠義之氣，無學問以輔之也。夫然而可以寄者，無其侶矣。總宰而聽三年之治，猶不無怨謗交加，況乎非楨榦選也。古亦有躬膺佐輔，而辛勤效命，每慷慨而矜謀國之能。及偏安之局已成，犄角之形未改，雖謀深擘畫，有自恨展布無由者，艱鉅之業，無經濟以匡之也。而吾以觀大臣之才，當委裘之日，天意蒼茫，謂大臣自有殊勳，亦同朝所不服。乃不數年，實籙親膺，而君位定焉，君身保焉，即君德亦成焉，斷不似黼黻隆平，粉飾而上聖明之頌。則若臣之績顯於旂常者，皆若臣之心盟之幽獨者也，而先君可以告無慚矣。當締造之年，人心搖惑，謂大臣自成宏濟，亦羣下所共疑。乃不數年，版圖已啟，而人心倚焉，宗廟安焉，即鄰封亦服焉，斷不以河山鞏固，歆歆而談奠定之勞。則若臣之力，勝任而愉快者，皆若臣之功，滿志而躊躇者也，而我后可以報萬一矣，皆大臣之才也。而其節尤有可信者。

英思偉論，磊落不羣，有王景略捫蝨而談氣概。（原評）

成於樂

（劉觀察課正取一名）

尹 湜

有化乎興立之迹者，樂之益人深也。夫學何以成於興立，後俟其化也，從事於樂，尚知其益人之深哉？且學中有自然之一境，固不必戒發而自正，不待約束而自堅者也。心無所累，漸漬則安；性無所虧，優游則適。人心純駁離合之故，至是而有以一之，則激者平，拘者化矣。特未歷其境不能知，亦既歷其境或不自知也。興立之效得於詩禮，學遂以興立止哉！夫興與立，固洽心之候，而非養心之候也。觀感深而決擇尚勞，檢制嚴而神明猶苦，此心未至渾全之地，覺隱微雖慊，終無以暢其機也。用其情而密為閑，與任其情而順以適，固有遞引而遞深者矣。意氣奮而漸能蕩滌，本根固而始獲安舒，吾心自有暇豫之神，惟勉強不形，乃有以永其趣也。葆其天而力至健，與樂其天而性至純，固有愈進而愈邃者矣。所謂成也，此豈可驟致者乎？又豈可勉求者乎？蓋至是而知樂之益人匪淺也。藥之作也，所以教和。古人知人心之樂易，磅礴鬱積，必宜揚而始暢其天，故琴瑟干戚之數，其足以滌瑕疵而平血氣者，皆息息與心性相通，而義理油然其各足，但曰耳目聰明，其外焉者也。樂之用也，所以修內。古人知後學之性功離合參差，必涵養而始融其迹，故聲音節奏之微，有足以化矜躁而暢形神者，皆循循與身心為輔，而醞釀粹然其無虧。但曰手足舞蹈，其顯焉者也。而成者究不自解也。自來積累之程，至無所用力之時，或亦渾忘其功效，而此中愉快之趣，則親嘗之矣。因應無成心，奮發之神，出以和平而不激；從容不踰節，矜持之力，間以游泳而彌舒。童年服習，幼儀操縵，已推為先務，乃遲之又久，其獲效固如是之備也。夫豈虛而無薄哉？而成者非不自喻也。自來進修之事，至不敢預期之境，或難自信於中藏，而此中怡悅之機，則默領之矣。英華發於和順，不必藉勸懲之用，而性自無偏；剛柔得所陶成，不必資斂約之文，而養無不粹。數載研窮學業，弦歌不廢於居恆乃化，而不知其得力固如是之深也，豈可習焉不察哉？人能由興立而馴致於成焉可矣。

　　於成字根源跟得清，真蘊抉得透，醞釀深厚，筆有餘妍。

（原評）

133

子曰：歲寒，然後知松柏之後彫也。
子曰：知者不惑，仁者不憂，勇者不懼

（馬太尊課正取二名）

王恩湍

　　於歲寒知松柏，聖人為知仁勇發也。夫松柏即知仁勇之驗，歲寒後彫，即不惑憂懼之驗也。學者觀於松柏，曷不勉為知仁勇乎？且兩大浩然之氣，付於物則不為時移，付於人則不為境累。時有窮通，即境有常變。值時窮而葆其天，斯物之真材顯；值境變而貞其守，斯人之全德昭。聖人觀於物與人之無二理，而特藉物之不移於時，以喻人之不累於境焉。蓋實見世有疑我之境，有擾我之境，有撓我之境，此均一歲寒之象也。境疑我而我見疑，境擾我而我見擾，境撓我而我見撓，此又一歲寒而彫之象也。惑也，憂也，懼也，知未足，仁未足，勇未足，皆不松柏若矣。竊嘗於子言松柏與知仁勇而得之焉。當吐芳競秀之時，而謂松柏有其真，亦羣芳所不服；及時移物換，而爭妍者心自疑，挺秀者心自驚，強幹者心自餒，然後知拔地參天，挺然而傑出者，非復尋常之景象也。是可為知仁勇一借證也。值化日光天之際，而謂松柏有其節，亦凡卉不樂聞；及霜洌風淒，而生理足則不昧，生質足則不變，生氣足則不頹，然後知干霄蔽日，毅然而自強者，悉本平素之操持也。是又為知仁勇一明徵也。蓋觀松柏而知仁勇可知松柏不遇歲寒之時，則其材不見；知仁勇不遇惑憂懼之境，則其德不彰。為松柏辨，即為知仁勇辨；為松柏之後彫辨，即為知仁勇之不惑不憂不懼辨。斯世艱難險阻，其百變以嘗我者，非設一歲寒之候以來相逼耶？可惑可憂可懼，有見知之地而知昏，有見仁之地而仁蔽，有見勇之地而勇屈，靡靡者早摧折其本原矣。惟抱其高明沈潛正直之真，以自命爲松柏。斯天下無歲寒，不必以知仁勇見長；天下有歲寒，不至以惑憂懼見短。盤根錯節，其庶幾也。故言松柏實爲知者仁者勇者發其凡。斯世蕃變紛紜，其屢出以試我者，非挾一歲寒之象以羣相迫哉？非知非仁非勇，因可惑而惑滋，因可憂而憂起，因可懼而懼生，庸庸者久消磨其志氣矣。惟守此窮理盡性至命之學，以自立爲松柏，斯葆其知仁勇之性，當無時不作歲寒觀，袪其惑憂懼之私，更無念不以歲寒警。遺大投艱，胥在是也。故言松柏之後彫，實爲不惑不憂不懼起其例。夫然而謂知仁勇爲松柏可，謂知者不惑，仁者不憂，勇者不懼，爲松柏之歲寒後彫亦可。

水乳交融，精神團結。（原評）

子曰：歲寒，然後知松柏之後彫也。
子曰：知者不惑，仁者不憂，勇者不懼

（馬太尊課正取三名）

林駿元

材與德皆有可見，其自全者大也。夫松柏後彫，非歲寒不知也。惑與憂懼，非知仁勇難免也。合而觀之，其材德不可見乎？且夫無定者時，良材所以嚴其守；有定者性，志士所以密其修。其固於中者，大節常昭，爭百年不爭一日。其應於外者，諸艱歷試，有卓識，斯有精心，時窮而特著其奇，性純而獨安其素，善制變者，斯能有達變之才焉。何則？天事之變遷，柔靡者難貞其遇；人事之變易，憧擾者難葆其真。蓋嘗即物與人驗之，榮枯本無定局，晦蒙否塞，皆足徵淡定之懷。雨露何恩，風霜何刻，一聽諸彼蒼，磨礪屈伸，漠不關心，則錯節盤根，正以壯英豪之氣；常變縱有殊途，震撼

危疑，益以見神明之定。世途自險，我心自夷，一任諸外誘紛投，理欲不容並立，則艱難險阻，豈能擾靜謐之天？夫不觀子之論松柏乎？物不極屯邅，迭試大造，亦難顯眷顧之奇。惟弗與一世競繁華，乃能為千秋完節概。即空山偃蹇，亦不與眾卉爭榮，則歲寒後彫，正為松柏見真之地也。夫不觀子之論知仁勇乎？事不經變故迭乘，修士無以見精神之用。惟學力自深於一己，而物情不雜於一心，斯爾室潛修，無往非天真所露，則不惑不憂不懼，亦以徵知仁勇有主之胸也。今夫人世升沈之事，未可悉數矣。投艱遺大，天之阨修士也甚於阨。庸人有識者，觀變審幾，獨負強固之操而不移其志，道無剝而不復，無時不可作歲寒想，無時不可作惑憂懼觀也。遇值其艱，獨占孤芳於晚節；心祛其累，特昭定力於當躬。聖賢之特立何奇，惟此百折不同者，足以植其體而達於用，不可見內養之彌純哉！且夫古今成敗之由，殊難逆覩矣。履險蹈危，人之望純修也。奢於望俗，士有守者。防微杜漸，始信堅貞之性而不改其常。境以困而始亨，不有歲寒，何以知松柏？不有惑憂懼，何以見知仁勇。待時養晦，冰霜益以老其材；渺慮澄思，事變亦難淆其念。身世之艱虞迭試，惟此宅心有主者，足以歷乎變而守其常，不益信躬修之難假哉？人可不知所勉乎？

英思偉論，磊落不羣，非面壁功深，弗克臻斯境界。（原評）

子路、曾晳、冉有、公西華侍坐
（陳司馬課正取二名）

林駿元

萃人才於聖門，侍坐者可歷舉焉。夫子路諸賢，聖門之選也，因侍坐而歷舉之，不已見人才之盛乎？且夫聖人在上，為天地育才而才以彰；聖人在下，爲國家儲才而才以盛，斯固遇合之甚奇矣。仰道範於同堂，一室定千秋之業；挹德容於函丈，一時集三代之英。洙泗追隨，羣賢畢集，一環顧焉，其時之氣象可思也。吾夫子蓄用行舍藏之願，抱三年期月之懷，使其得位乘時，將與二三從遊者贊襄而輔翼之，當不僅執經請業，作一堂之會晤已也。乃今竟以侍坐特聞，英豪不世出，英豪尤不輕出。極數百年之鍾毓，特於尼山結師友之歡，則抱負非常，無妨於詩書琴瑟之旁，一覘其概。賢才不易生，賢才亦不虛生。極數十載之秀靈，特於闕里聚人文之藪，則襟期獨遠，胡弗於敬業樂羣之際，一繪其神，則見兼人擅譽而行行可擬者，非子路耶？斐然成章而嘐嘐自得者，非曾晳耶？多藝見長，所稱爲經國才者，非冉有耶？立朝著美，所稱爲華國選者，非公西華耶？茲因侍坐而歷誌之曰：子路、曾晳、冉有、公西華，及門造就，日企精深，而晤對雍容，何有豪傑功名之念？吾黨裁成，每因學力，而風標卓犖，彌觸英才樂育之思。而惜也諸賢之際遇，未值其隆也。夫遭逢之數不可憑，顯晦各隨其時命。儻夫子斧柯得假，將折衝禦侮，有四子共贊其嘉猷，則東魯名流，何難與畢榮望散之儔後先濟美？而乃侍坐者，竟徒有此心也。韋布默持風化，困其身者不必困其才；修士隱，裕王猷，隆其道者不必隆其遇。集梟釋龜蒙之俊秀，羅致一室之中，杖履言歡，豆觴寄意，彼四子者，洵可爲王佐才也。此一侍也，不已見賢豪之濟濟哉？而幸也諸賢之造詣，要未可限也。夫遠大之期有必副，學修漸底於精微。奈夫子巷遇未占，將老安少懷與四子徒深其虛願，則從學碩彥，竟難望風虎雲龍之會，經濟同昭，然而侍坐者不預存此見也。時可行則行，自足爭輝於壇坫；時可止則止，自安素履於絃歌。被東山泗水之甄陶，會萃一堂之上，黃農何古，叔季何今？彼四子者，洵不愧邦家彥也。此一侍也，不可徵善誘之循循哉？是故几席相承，儼結同心之雅；門牆共列，猶存尚齒之風。此夫子所以欲觀酬知之具也。

氣疏以達，骨重神清，倜儻之中兼有傲岸不羣之態，傑作也。（原評）

子路、曾晳、冉有、公西華侍坐

（陳司馬課正取三名）

陳价翰

歷誌侍坐諸賢，見聖門之多才也。夫侍坐何足誌，而侍坐爲子路諸賢，皆聖門人才之選也，故誌之。且千古上之人才聚於大廷，千古下之人才聚於吾黨，此窮達所由分也。抑知達而在上，展其謀爲，固克訂千秋之業；窮而在下，深其蘊蓄，亦無慙三代之英。迄今洙泗追隨，其氣象雍容，猶可想見已。春秋有孔子承菁莪之雅化，沐芹藻之庥風，大道之行，於二三子有厚望焉。乃一日者，諸賢以侍坐特聞，蓋夫子念切東周，老安少懷，未克伸其素願。而尼山終老，裁成狂簡，彌殷樂育之心。則當一室周旋，師弟相依，自覺形神之俱適。而諸賢學宗東魯，達材成德，久默化於平時。故爾室潛修，上下古今，獨具澄觀之識，而值同堂晤對，胸懷所蓄，時相流露於無心。夫侍坐者果何人哉？則見行行者爲子路，於及門齒最優，其先諸子而坐也固宜。亞於子路者爲嘐嘐之曾晳坐次之，而侃侃之冉有與彬彬之公西華坐又次之。當是時，羣賢畢至，少長隱判其後先，相喻無言，静躁各如其本量。侍坐諸賢，所由誌歟，尋常酬酢，易涉矜心，而環列師門，從容相向，覺太和之氣，聚順一堂；磊落英姿，迥殊流俗，而追從几席，意象胥呈，則相聚之餘，微窺素藴。吾於是爲諸賢惜焉。夫諸賢以夫子爲依歸，而或近高明，或近沈潛，無歎虚生之不偶。假令諸賢得顯於世，詎難與疏附先後，奔走禦侮,同爲王國之羽儀,而由以果終。皙以狂見,求以藝著,赤以言稱,宇宙茫茫,風塵韜晦,用舍行藏之意,何能慰於侍坐時哉?吾於是爲諸賢幸焉。夫諸賢得夫子爲陶鑄,而內觀諸身,外觀諸世,久徵自立之不凡。假令諸賢生不逢時而當此,前不見古人,後不見來者,何望英才之華國,而由能入室,皙能成章?求能政事,赤能應對,名流濟濟,劍佩雍容,禹皋伊傅之懷,不已見於侍坐時哉!進觀夫子誘之言志,而子路諸人之才可見矣。

筆意簡潔,後二獨往獨來,尤擅一篇之勝。(原評)

子路、曾皙、冉有、公西華侍坐

(陳司馬課正取四名)

王廷珍

誌侍坐諸賢,見聖門之多才焉。夫聖門一人,才之藪也。侍坐特誌子路諸賢,豈第序齒云爾哉?且自杏壇宏樂育,將出爲循吏者,處爲純儒也。其身不輕與人家國事,而同堂晤對,懷抱欲伸,一室追隨,少長咸集。蓋匡居裕天下之量,亦及門萃三代之英,而但云尚齒猶淺也。我夫子抱濟世之才,深用行之,願日與二三子相期許也久矣。一時從游諸彥,或爲政事選,或爲狂簡才,亦無不自期於遠大焉。蓋嘗於侍坐時見之,何地不產名材,獨至霑雅化於尼山,而羣焉就範。匪必開廣廈,而寒士自歡顏;匪必峻門牆,而名流咸俯首。異日之勳猷不必計,即此雍雍,劍佩几席有真樂焉。後儒亦開講幄,獨至沐教思於洙泗,而自命非凡;不逐聲華,而一門自儲將相;不矜著作,而羣材足備師儒。他年之遇合,不必期即此落落,絃歌琴書,有餘韻焉。此侍坐所由誌也。且夫不生名世,不足洩造化之奇也;不得英才,不足彰教育之盛也。功名道德,豈逼人來,而四壁管絃，轉多同心之侶；經濟文章，匪異人任，而一廬風雨，宛結靜契之緣。夫以子路諸賢而侍坐，幾疑人才之終隱矣；亦侍坐而有子路諸賢，益見人才之一萃矣。天不生諸賢於明盛之朝，得與望散畢榮，共分疏附後先，奔走禦侮之任，而僅以執經請業時依依數仞之宮牆，幾歎以侍坐老矣。夫衡門豈棲遲之地，當此伏處寬閒，天若陋之使不遇，而黃農何代，莘渭何人，諸賢應難以自遣耳。羣賢畢至，而四座無言，當亦念時事之艱，默然而侍，慨遭逢之阻，晏然而坐也。夫天既生諸賢於春秋之會，得與顏、曾、閔、冉共備德行、言語、政事、文學之全，而猶以敬業樂羣時，戀戀先生之杖履，更不欲以侍坐終矣。夫名山非捷徑之區，當此優游歲月，天豈困之使終窮？況絃誦在室，俎豆在庠，諸賢應聊以自慰耳。氣瞻星聚，斯慶卜雲從，當又小就不甘，欣然而安此侍，大成是望，抑然而就此坐也。夫蓋聖門一人，才之藪也。如謂先子路，次曾皙，次冉有、公西華，侍坐者僅尚齒也，豈記者之微旨哉？

眼大於箕，筆大如椽，俯視眾山直同部婁。（原評）

爲國以禮

（劉觀察課正取一名）

尹　湉

　　有所以明禮者，宜先知爲國之體焉。夫有以明禮，而後見禮之爲用也。爲國者欲有所以，不於禮得其體哉？且大儒出而有爲，非動於一時之意氣，實根於平時之性功也。性以有所斂而純，愈斂則愈定；功以有所養而擴，彌養則彌宏。古今來之大有爲者，守之爲節文，發之爲經濟，可於措置閒想其氣象已。子以哂由爲問，亦知由之所爲固儼然爲國耶？夫國果何以爲哉？社稷民人之任，豈容無所操守而遽事措施？勳名不輕試，叩以蘊蓄而已深；才智有獨優，受以範圍而罔越。推行有具，當於儀文見運量之端；安上全下之功，必恃有所挾持，而徐爲敷布。抱負有必宏，既欲以事功自責；修能有足信，尤貴以涵養自全。循習有方，當於律度得經猷之準。夫國之有待於爲者，非一端也，而爲之必有所以者，亦非一術也。而吾以爲裕爲國之本，而植爲國之基，則非以禮不可。爲國必化其氣質，而氣質不遽化也，則必約束乎心思耳目，以及動靜食息之微，而調劑益密，血氣胥平，檢制既嚴，精神亦斂，氣質之私無所逞以揖遜，而漸適中和，智名勇功必將醞釀出之矣。爲國必治其性情，而性情不易治也，則必嫻習乎度數儀文，以及進退周旋之細，而持守難寬，神明不擾，陶鎔已久，氣度彌舒，性情之偏，無不融以斂抑，而胥歸渾穆，紀綱政教，其亦將從容理之矣。平吾心以平萬物，舍禮斷無調攝之方。君子自用世以來，治己治人，悉著和平之氣概，不必謙退鳴高，而學問足以廣勳業，不必沖虛表度，而樽俎足以靖兵刑。當其陶淑已深，而禮文之防維者密，即臨以強大而不紛，禮文之斂束者嚴，即重以兵荒而不擾，經權悉當，莫不於禮握其原也。考古緬重華之治，典禮先事周咨，其以此也哉。節吾心以節萬民，舍禮別無轉移之用，君子自見知而後，範身範世，胥昭卑牧之丰裁，擴涵容之量，不以操切誤蒼生，運淡定之神，不以張皇弛政體，想其推施盡善，而禮教足以勵人心，有勇而愈形強固，禮數足以定民志，知方而愈切遵循，敷暨咸宜，莫不於禮明其體也。採風問宗，國之遺，秉禮不忘根本，其以此也哉。夫由曰千乘非國耶？由曰爲之非爲國耶？以禮者而言不讓焉，是哂由之故也。

　　文心靜適，是好墨裁。（原評）

爲國以禮

（劉觀察課正取二名）

王恩滙

爲爲國者明所以，聖人特表其概焉。夫國係乎爲，爲必有所以。子舉禮以表其概，亦謂爲國者固應若此耳。且士君子有志用世，才足治天下而不恃才，力足匡天下而不恃力，非漫無挾持也。有鍊其才者，裁成久，斯意氣除；有化其力者陶淑深，斯和平出。才也而裕以學，力也而深以養，雍雍然若無所表見於世焉，夫固操之爲有原爾。子疑吾之哂由，夫由爲國者也。亦思爲國，當何如乎？勳名誠樂就耳。奮力而効馳驅，君子亦嘉其志，而張皇求效，何如鎭靜相安也？古大人正笏垂紳，雖繁鉅紛投，終不改琴書之素。功名之地，以涵養化之，則儒林之選矣。時勢有可爲耳。假手而思報稱，君子亦許其能，而奮往圖功，何若從容就理也？古大人端居高拱，雖天人交迫，祗自安俎豆之常。幹濟之才，以學問精之，則名世之英矣。夫亦曰以禮而已矣。此當其經綸大展，而端莊恭敬，祗以禮，立民物之防，資訓練以禮，謀生聚以禮，而黼黻休明，施措胥昭其肅穆。即使其抱負未伸，而樂易優游，亦以禮爲身心之準範。才識以禮，養性情以禮，而名山風雨，蘊蓄皆出以雍容。且夫智勇功名之事，聖賢豈真有所不居，而必彬彬焉以禮自持，斂抑焉以歸於靜，蓋秩敍之典，有操之於密者矣，經猷之裕也。平居皆挾以見長，而獨有文采風流，不矜聲色者，論者每以國器許之，亦曰：吾瞻其氣概，已深服之耳。推斯詣也，戎馬倉皇，泰然而靖干戈之氣；災祲迭出，寬然而裕衣食之源。然後知才輔以禮，乃不見矜心作意於其間也，而謂舍是有他屬哉？且夫沈毅果決之風，國家豈不需之而理，而必抑抑焉以禮自下，搏節焉導之使平，蓋裁制之經，有宰乎其原者矣。時事之艱也，豪傑皆奮而思起，而獨有儀文彬雅，不輟絃歌者，識者特以民望歸之，亦曰吾覘其度量已潛占之耳。推斯詣也，羣情奮武，而詩書猶化其矜張；衆志成城，而樽俎更袪其鹵莽。然後知力濟以禮，乃足輔相財成於其際也。而謂此事可輕任哉？由爲國者也，奈何其言竟不讓乎？吾哂之也以此。

通體以才力襯寫，針對仲由，不蔓不支，詞調亦泠泠可誦。
（原評）

仲弓問仁。子曰：出門如見大賓，使民
如承大祭。己所不欲，勿施於人。
在邦無怨，在家無怨。仲弓曰：
雍雖不敏，請事斯語矣。司馬牛
問仁。子曰：仁者其言也訒。曰：
其言也訒，斯謂之仁矣乎？子曰：
爲之難，言之得無訒乎？

（黎觀察課正取四名）

趙鑾揚

再與兩賢論仁，皆不外克復之事也。夫雍問仁而曰敬恕，牛問仁而曰言訒，兩賢之疑信雖殊，要皆示以克復之事也，故繼顏淵之問而類誌之。昔子與顏淵論仁，獨詔以克己復禮，記者謂非顏淵不足與論克復，非克復即不足與論仁矣。豈知仁在養性，不必曰由人由己，欲問世，當先問心；仁在防情，不必曰勿動勿言，惟寡尤乃能寡悔。雖求仁者靜躁不同，而內外之所修，樞機之所懍，一爲運類記之，覺大聖人之各盡裁成者，總不外乎克復之事而已。

不然，子以克復詔顏淵，豈下此之求仁者，皆有己而難克，有禮而難復乎？乃觀仲弓、司馬牛之問仁，而知爲仁之道不一端，亦隨在嚴其克復焉耳。性功何判純疵，惟此己之憧擾未清，在在遂淆其真宰。故人我本無所憾，己在則敬恕無存，吐茹詎肯自輕；己在則乖違立見，祇一己以相牽，致使身過口過之端，兩無可寡。可見才不必皆明健，胥當於省察之地驗真修，德業何分疏密？惟此禮之範圍，不過事事乃見其操存，故動靜皆自盡之修。禮在則性情胥摯，口舌本啓羞之具；禮在則坊表同昭，本一禮以爲的，遂令一動一言之際，胥見其功。可知學不必盡深潛，皆當以檢束之方徵學問。不見仲弓之問仁乎？仁者不必處賓祭之時，己克而常存嚴憚；仁者不必有人己之見，禮復而自泯偏私。如見如承，不欲勿施，子蓋以無怨考其克復之功也。不見司馬牛之問仁乎？仁者非故慎於言，己克則不覺其訒；仁者非有心於訒，禮復則不敢輕言，爲之甚難，言得無訒，子蓋即其言勉以克復之功也。且夫功修原靡盡耳，無怨即極於邦家，較之天下咸歸，尚形其隘；其言縱極於能訒，較之視聽並憚，終覺其偏。雖雍殷從事，牛悟先難，仁道甚精，亦安得與回也同鑽仰？然而夫子要無二教也，操修無閒於物我，充之即純粹之修；語默悉泯其輕浮，返之即沈潛之學；造就雖有淺深，本克復以求之，而皆堪希聖，而雍也可以自考矣，而牛也可以無疑矣。且夫學業本同原耳，天下雖大於邦家，而立達之功，無非戒欺於人己；四勿雖精於言訒，而閑存之學，無非專力於修爲。使雍進於斯，牛懍於斯，仁道雖微，亦何難與回也共修省？況乎夫子教各因材也。推寬宏之量，正何殊無伐無施；化躁率之私，自足以不遷不貳。品詣縱分優絀，本克復以求之，而並造精微，而雍也知所致力矣，而牛也不患多言矣，故曰皆克復事也。

跟上克復立論，語有歸宿，前後總發，尤見力量。（原評）

百姓足，君孰與不足？百姓不足，君孰與足？

（李中堂課正取一名）

徐維域

合君民而計足不足，知徹之所關大也。蓋徹之行不行，百姓之足不足係焉。君與民既相關一體，足不足又孰與乎？有若對公意謂先王立法，爲民即以爲君，其合朝野上下而一足無不足者，計萬世非僅計一時也。田産者，生財之本，重農粟即以厚帑藏；間閭者，致富之基，朘民膏奚以培國脈？使徒沾沾於支發之絀，欲剝削以致豐盈，三代以來，無是道也。公以行徹爲疑，是但知足不足之在君耳，曾亦思君何以足，君何以無不足哉？夫亦求諸百姓而已。以同井之義例之，君亦猶然八家之一耳。際萬寶之告成，則未聞八家之中而偏有一之不足者，亦安有八家皆足，而界其中者之一區，獨自處於不足也。此均足均不足之勢也。以終歲之費計之，君亦猶然生人之需耳。值百室之盈止，則以彼分收其一井之一，而俯仰固無不足者，亦安有合收其萬井之一，而司會計者之持籌度支尚苦於不足也？此有足無不足之理也。則有如行徹而百姓足，民情縱多涼薄，萬不忍倉箱屢慶，而正供不遵其典，坐視內府外府罄其藏，蓋有與之俱足者，而足乃大可恃也，而君之不足，果孰與之？設如加賦而百姓不足，民性縱極樸誠，萬不能懸罄堪虞，而輸將不愆其期，致使倉廩府庫充於上，蓋有與之不足者，雖不足尚不能保也，而君之足，又孰與之？且夫帑藏之豐歉，非以自致也，君相不下征求之令，而歲有常供；大廷屢設掊克之官，而國即乏用，豈經畫之不同哉？朝廷有大舉動，不難以樂輸者濟軍國之需；倉庾儻告空虛，安能以蠲賑者蘇黎元之困？上下之理，本自相通，則君之不足，自無慮也，而君之所由足，大可思也。且夫蚩氓之勤動，未嘗以自利也。衣食充而禮義生，無不慎國賦之攸出；飢寒迫而覬覦起，又何煩荒政之補苴？其利弊不較明哉？竭三時之勞苦而坐安豐稔，萬年享之而有餘；費百計之苛求而患啓陰陽，一旦傾之而盡去。朝野之機，原自相合，則君與百姓之俱足，大可幸也。而君與百姓之不足，宜急圖也。百姓足，君孰與不足？百姓不足，君孰與足？公其行徹焉可？

　　思力深厚，胎息醰古，是得力於國初諸大家者，故不同人間箏笛。（原評）

　　思精筆健，格老氣蒼，饒有名家風派。（李中堂評）

百姓足，君孰與不足？ 百姓不足，君孰與足？

（李中堂課正取二名）

王恩湉

　　足不足視乎民，爲憂不足者進一解焉。夫足不足，百姓也，而實有與於君。百姓足，斯君足矣。否則第憂君之不足，何益哉？且國之貧富，惟君籌之，乃籌之熟而卒不一效者，必將曰貧富之無定矣。豈知君患貧，有足以給君之貧者，君正不能獨貧；君欲富，有無以致君之富者，君將何由而富？貧富之故，自君籌之，而不自君始之。明其故，而國不患貧，而國可致富。徹法之行，君以不足慮，君不足，誠可慮也。

　　曾亦思百姓之足不足乎？且夫百姓固與君聯爲一體者也，帑藏既匱矣，當不視所取而視所給。民能自給以給於君，與民不能自給以給於君，此中必有辨矣。年豐而家有餘糧，而猶敢膜視君公，吝於供億，君必曰非情也，百姓亦自知其非情也。府庫已虛矣，每不取乎損而取乎益，君求益而民能益君，與君求益而民不能益君，此中又有別矣。歲歉而人無餘粟，而猶欲下求黎兆，責以輸將，百姓必曰非理也，君亦當思其非理也。有如徹法行而百姓足，賦納一準乎前王，何莫非爲草野儲身家之裕，乃倉箱坐擁，而獨以空乏之戚遺我君王，百姓當不若是之忍。惟不忍也，而鼓舞從公，將相率爲國家緩急備矣，君孰與不足者？設如徹法不行，而百姓不足，征求屢及，諸黎庶亦莫非爲朝廷籌軍國之需。顧杼柚久空，而猶以獻納之誠奉之君上，百姓亦不若是之愚。惟不愚也，即追呼交迫，將祇知爲室家衣食謀矣。君孰與足者？且夫納總納秸，小民亦有急公好義之忱，而卒無濟焉者，利非溥於自然也。田賦之均也，周先王計之詳矣。朘萬姓之脂膏以奉公庭，何如養萬姓之脂膏以供天府？愛其身不愛其君，彼百姓必有惡焉。慚者，謂夫農桑之利，君興之，當思與君共之也。不然者，八口之家，尚嗟不給，而一人之欲祇覺無窮，即苛斂重征無當也，有相與坐視而已矣。且夫議賑議蠲，後世多尚苟且補苴之術，而鮮有成焉者，法非權於至當也，經界之正也。周先生籌之深矣。竭天下之利而補之一朝，何如培天下之利而享之萬世，厚夫已。即厚夫君，彼百姓必有欣然願者，謂夫倉廩之豐，百姓樂之，當不惟百姓私之也。非然者，爲事爲畜，尚少餘貲，將或祀或戎，敢云足備，而螟螣水旱，更可知也，亦相與坐歎而已矣。凡此皆爲君計也。

提比曲折赴題，獨標新穎，餘亦穩稱，是手腕純熟之作。（原評）

筆意雋妙，清氣盤旋。（李中堂評）

夫達也者，質直而好義，察言而觀色，
慮以下人。在邦必達，在家必達。
夫聞也者，色取仁而行違，居之
不疑。在邦必聞，在家必聞

（劉觀察課正取一名）

王兆蓉

　聖人嚴誠僞之辨，達與聞較然矣。夫達者求己誠也，聞者求人
僞也。夫子嚴爲辨之，安得以聞混達哉？今使第以名譽觀人，本不
足以定虛實也，而一嚴人己之辨，其情遂迥不相侔。有爲己之見
存，其不求共見其心也，先問心；其必求自見其心也，復問世。問心
問世，而我孚於人。有爲人之見存，其不欲共見其心也，先欺世；其
不欲自見其心也，更欺心。欺世欺心，而人孚於我。孚於人者誠，
孚於我者僞，亦辨於人己之間而已。是聞非達，辨其名尚未求其實
也。而達與聞之迥不相同者，果安在哉？人苟切究夫由此達彼之
故，實有是不屈己徇人、不尊己卑人者以握其原，而後知不介而孚，
非同襲取。人苟深明夫聲聞於外之由，總不外假託在儒術、矯誣在
心術者以爲之召，而後知外來之譽盡屬虛聲。夫達也者，制心誠
篤，觸處見渾樸之天；制事咸宜，隨處徵推行之妙，非質直好義也
哉？然猶不敢自是也。人與我難合而易離，吾則準其離合之情，證
吾可合之事；我與人易盈而難歉，吾則審夫盈歉之理，廑吾自歉之
心。察觀下人，非以求達也，而達固有可必者。夫聞也者，貌襲中
庸，事不求子臣弟友，高談性命，理不切動靜云爲，非色取行違也
哉？然猶恐其不合也，混耳目不能混神明，久且敗露矣。故陰違陽

奉，無實意並無疚心，對大廷不能對衾影，人將測度矣。故貌合神離，無真情亦無愧志，居之不疑，將以求聞也，而聞亦有可必者。且夫達與聞相蒙也，聞與達相混也，而一分內外之交，又兩不相假也。吾欲爾辨其似焉，審其幾焉。人生真偽之途，惟在人之自分其界耳。勵矜修而親疏多譽，求己非必求人，工襲取而遝遝同稱，務外豈同務內？可知吾儒審端貴明其辨，視聞必非達，而心性已近於高明；視達亦如聞，而心地已流於巧詐。幾微之判，遂爲千古分途，而達焉者，道德日高矣。而聞焉者身心俱疚矣。吾身感召之原，惟在人之自謹其始耳。不作偽即作德，既有愈歛愈約之機；不務實即務華，亦有愈放愈寬之勢。可知吾儒力學，貴清其源。一有心求達，而觀我觀人，修士之聲稱難掩；一有心求聞，而無非無刺，衆好之鄉原堪憎。毫釐之差，遂定斯人流品，而不知達者，宜求其真境矣，而第知聞者，宜返其迷途矣。

　　對針顓孫氏立論，於分發處見層折，於合勘處見風神，斯爲無負題事。（原評）

　　夫達也者，質直而好義，察言而觀色，
　　慮以下人。在邦必達，在家必達。
　　夫聞也者，色取仁而行違，居之
　　不疑。在邦必聞，在家必聞
　　　　（劉觀察課正取二名）

解開元

　　辨聞達之實，於人己間決之而已。夫學專課己，則邦家必達；學專欺人，則邦家必聞。夫子嚴辨其實，求達者可不知所尚哉？

且修儒本無求名之念，而俗士每多要譽之心，夫亦決之於誠僞而已。蓋立心誠者持己誠，接物愈誠，誠則自能動物；立心僞者持己僞，接物愈僞，僞亦可以盜名。使不嚴辨其誠僞所由分，竊恐有用之才華，竟役志於過情之聲譽，誠吾儒所大患也。爾以聞爲達，非期於邦家必達，實期於邦家必聞也。今夫聞遠之辨，微之在性情之地，顯之在行習之間，返之在立心真僞之分，推之在接物高卑之際。有相似也，無相假也；有相混也，無相同也。夫人惟有見於身世之交，最足徵學問而覘涵養，斯存之愈存，歛之愈歛，而畢生無非刻勵之衷。夫人惟有見於聲華之地，不妨恃表暴以著輝光，斯始則欺人，繼則自欺，而寸心曲盡揣摩之術。然則達之爲達，非以求聞矣。夫達也者，制心制事，肫然無間，亦蕰然不消；觀我觀人，灼然自精，亦抑然自惕，此真實无妄之修，非有求於邦家者也。然則聞之爲聞，無關於達矣。夫聞也者，外託長厚，内實任其偏私，既以欺心者欺世，暫工掩著，久並忘其虚無，更以欺世者欺心，此造作矯揉之習，惟取悦於邦家者也。然而邦家已知其質直而好義也，知其觀察而下人也。其達則有可必也。然而邦家若不知其色取而行違也，不知其居之而不疑也，其聞亦有可必也。夫然而竊達之似者，半在聞矣。庸耳俗目之中，稱純修也難，稱僞儒也易。不知器量深沈斂抑，中之光華彌著；多方掩飾假借，内之聲價皆虚，此中未可强同耳。末世浮夸相尚，方賴有志者黜華崇實，力挽學術之衰。使辨之不嚴，將求達轉而求聞，從入之徑途已誤；見聞不復見達，畢生之趨向皆非也。爲己爲，人争獨知，不争共著，安得漫無區別哉？夫然而求達之真者，當戒聞矣。釣譽沽名之事，在庸人者少，在才士者多。不知學能内斂，無心之流露，歷久彌彰；致飾外觀，有意之表揚，撫衷難問，此中難逃真鑒耳。吾黨遠大是圖，方期二三子誠意正心，力戒人心之僞，使擇術不慎，將以聞襲達之迹，其貽害於心術患猶小；以聞掩達之真，其貽害於風俗患更大也。孰得孰失，有一定而無兩歧，安得昧於從事哉？

意精詞卓，力厚思沈，講下一提，全題在握，尤據一篇之勝。（原評）

君子以文會友，以友輔仁

（祝都轉課正取一名）

劉鳳洲

明道進德有全功，君子善於取友也。夫因文以見道，存仁以修德，猶必收效於會與輔焉，君子何善於取友哉？且宇宙一文之寄也，性命，一仁之原也。而文與仁所薈萃者，則在一心，實兼資乎同類。蓋本己所知者質諸人，稽古證今，源流自合，亦取人所得者助乎已，集思廣益，涵養獨純，論心在道義，得力在性天。夫是以學臻淹雅，亦德進高明已。今夫博學於文，至君子而文乃備；宅心以仁，至君子而仁乃全。然而君子非漫無所交，而遂粹然於文，肫然於仁也。名物象數皆文也。而文之蘊，則觸類而伸：合以觀其通，互證焉，無粗非精；拘以守其迹，冥索焉，雖精亦粗。寡所聞者失之陋，吾恐功深採擇，終愧淹通。克己復禮爲仁也，而仁之量則無美不收。由外以閑乎內，百密或可防一疏；治己不資乎人，一疏遂以累百密。無所助者易於孤，吾恐德遜純全，難矜捷獲。君子曰：猶是文也，何以滯而忽化？惟會之功，猶是仁也，何以駁而忽純？惟輔之益。今而知取友之良有以也，見聞或難自信，參以眾論，而聞見始真。萬事萬物之理，尋繹難窮，一經講習討論，微特淺且近者，瞭如指掌，即極之經天緯地，無難縷析而條分也，則羣居一文之充塞也。存養未造其深，涵以萬善，而存養乃熟。一私一僞之參，中懷抱憾，一經誘掖獎勸，不特誠且摯者盡受薰陶，即推之窮理盡性，皆由朝漸而夕摩也，則吾心一仁之歸宿也。然則文爲友所習，分之則各詡偏長；友爲文所徵，合之則可窺全量。夫會亦求其神化耳。誦讀有未竟之書，因流溯源，萬殊可該以一本；著述有不言之奧，明體達用，千古可滙於寸心。神智所不到之處，惟友以神智開之，理之同條共貫者，無不默悟於懷來也。雖游藝有妙用，必先依仁明理，亦何非博文之一助哉？然則仁與友相感，鼓舞焉以樂羣；友與仁相成，切磋焉而日益。夫輔亦集其功效耳。外緣有未絕之根株，示以防閑，而後遏之無不遏；内念無或留之缺陷，加以勸勉，而後存之可常存。材力所未周之地，惟友以材力補之。功之由勉幾安者，無不相觀而益善也。雖德行擅專長，兼重文學格物，究何非行仁之餘事哉？由是道益明而德益進，君子所以善於取友也。

能發會輔二字所以然之理，力爭上游，詞亦精卓。（原評）

君子以文會友，以友輔仁

（祝都轉課正取四名）

鄒廷翰

觀君子明道進德之功，皆取資於友焉。夫文有所會，則道益明，仁得所輔，則德益進，君子不皆取資於友哉？且講道而不證諸同人，則浮而不切；修德而不參諸同類，則滯而弗通。惟集衆人之學，以擴己之學，功愈進而愈純；即合衆人之心，以牖己之心，詣愈臻而愈密。道日明也，德日廣也，不舍己以徇人，第因人以勵己，君子所爲無孤陋之譏也。今夫君子固博學於文，用力於仁者也。儒生挾一卷之書，詎不嘯歌自適？然世有披吟數載，自幸無慚，一質諸有道之前，轉覺在己無可持贈者，以識見有所拘也。則知探討既深，所貴擇良朋而取他山之助，修士存幾希之理，詎不俯仰皆寬？然世有涵養半生，差堪自慰。一考諸通儒之學，轉覺我心獨有未純者，以獨居寡所助也。則知操存既久，尤當望伊人而求麗澤之資。文也，仁也，君子詎能不取益於友哉？居稽之力，由粗及精，苟平時之編採維殷，加以局外之指陳，而新機乍引；克復之功，由表徹裏，苟平旦之天良未遠，加以同儕之規勸而日進無疆。然則君子固以文會友，而即以友輔仁也，而要非以會之輔之者致形泛濫也。贈縞交歡，無關學問；班荊相契，無與性情，道德之失也，是固吾黨之憂矣。君子習於文以進於仁，顯以用酬酢之情者，即隱以收切磋之益焉。聚首而談典籍，求信即以質疑；同心而勵閑存，觀人即以勉己。得所會則引伸觸類，亦得所輔則深造逢原也。誦詩賡伐木之章，學易取如蘭之契，君子有喻乎其微者矣。亦非以會之輔之者盡資結納也。黨援特樹，誇耀才華，門戶相矜，高談清淨，道德之衰也，是亦吾儒之患矣。君子因所會以得所輔，外有以尚往來之誼者，即內有以獲薰炙之功焉。講學及晦明，溫故即知新之漸；談心晤風雨，集思即廣益之資。會在文，不至淺陋無聞，亦輔在仁，不至半途自廢也。傾蓋而深結契，出門而卜有功，君子有孚乎其隱者矣。其取益於友也如此。

文氣清腴，無浮光掠影之談。（原評）

子路問政。子曰：先之，勞之。
請益。曰：無倦
（林都轉課正取四名）

趙鑾揚

爲政不外先勞，亦惟防其倦而已。蓋非先勞不足爲政，非無倦亦不足爲先勞。由問之而猶請益焉，子所以第防其倦已耳。且所貴乎爲治者，貴有致治之一身也，尤貴有圖治之一心。置其身於天下之上，教與養祇此兩端；單其心於宥密之中，始與終並無二念。自來帝王立政，正德厚生，行諸一世，宵衣旰食，懷以畢生，莫不於斯道得之，特非躁心人所能領取耳。説在子與子路論政。夫政也者，精之繫名教綱常之大，粗之在飲食日用之常，近之徵一時化導之神，遠之爲萬世奉行之法。果如子路，豈不知之，而必殷殷致問者，得毋欲求速效乎？子曰：由亦加意於先勞而已。孝弟自在人心，第恐主極未端，則仁讓之興不提。惟取象魏之所懸，一一悉垂爲身教，斯會歸有極，乃無負先知先覺之權。衣食皆關民命，第恐深宮坐享，則怨咨之氣難平，惟舉間閻之所苦，一一悉率以躬行，斯屢省有成，始克盡勞力勞心之責，政在先勞，此外又何益哉？乃子路猶殷殷然有所請也，夫子於此，將何以益之乎？王道無近功，患畏事，尤患喜事。儻挾其勇往之心，思求治太鋭，將教化出以操切，恐急功難奏；必變禮樂爲刑名祖制，視爲迂拘，恐堅僻性成，遂改舊章爲新法，先非所先，勞非所勞。古今來學校井田之壞，大抵皆躁率之一念致之也，何子路未之知也？聖功無淺，效貴有初，尤貴有終。苟恃其英明之志氣，馳鶩太多，將承平日久，而宸衷自逸，太學中禮廢，臨雍事變日繁，而綱紀無存。三代後典亡。耕耤先失所，先勞失所勞，古今來孝弟力田之事，大抵皆厭怠之一心廢之也。此夫子所深戒也。曰先勞外何益哉？亦惟防其倦而已。倦每起於有所紛，固以鎮定之神則一。試觀帝世平章已久，而耄期猶懷以憂勤，王朝官禮，已成丹書，且防其怠勝。可知明倫教稼之餘，別無治理，惟此奉行不倦者，足以歷久而常新。典曰無曠，誥曰永圖，千古無異治也，尚其無歉於先勞中哉！倦每由於多所雜，矢以貞恆之志則純。試觀四方已一道同風，猶下經明行修之詔；萬姓已給求養欲，猶廑雕文刻鏤之傷。可知興養立教而外，並無奇功。惟此罔倦于勤者，足以久安而長治。豳風繪座，無逸書屏，百王有同心也，又何求多於先勞外哉？

　　中二包孕宏深，餘亦倜儻不羣，有磊落英多之概。（原評）

切切偲偲，怡怡如也

（陳司馬課正取三名）

王恩湛

　　士有全養，渾舉之而畢見焉。夫切切偲偲怡怡，皆德之全於所養者，而子路所不足也。夫子故渾舉之曰：吾人有真性情，而後有真氣象。氣象者，肖性情而傳焉者也。自性情得其正，而涵養俱深，斯氣象化其偏而剛柔並濟。根於心焉，發於聲焉，生於色焉，氣象所見，皆性情所見也，特不曲擬之，則不出也。子問士乎？夫士亦論其性情而已，氣象何與乎？然而氣象者，肖性情而傳焉者也。氣質以學問爲陶鎔，學問既深，斯氣質化焉。禮樂詩書之澤，久浸潤乎我躬，而藏之寫之，有流露焉，而畢與意肖者，積之厚，流之光也。而當局初不自知也。文章與道德相表裏，道德既粹，斯文章昭焉。和平中正之規既備，全乎一體，而望之即之，有曲繪焉而可以言傳者，誠於中，形於外也，而旁觀正不易擬也。今夫肫然者，情之真也；懇然者，詞之篤也；藹然者，色之和也。自己出之，而至中至和，昭然可指也；自人觀之，而可儀可象，渾然難名也。吾無以擬之，吾即其氣象擬之。氣象者，肖性情而傳焉者也。則且爲之詳其目，而輕肆不形，簡略不形，亢戾不形，合同而化，亦純粹以精，則切切偲偲怡怡也。因而爲之摹其神，而懇摯靡盡，詳勉靡盡，和悅靡盡，意量畢昭而形容莫罄，則切切偲偲怡怡如也，而固非強以持之也。不容假者，內美之真，陶淑未深，而遽於晉接周旋，勉爲造作，有不旋踵而故態復萌者。切切偲偲怡怡，在自然

155

不在勉强也，學養之優也。

不必過用其情，而情無不摯，不必好矜其辨，而辨無不明，不必自飾其容，而容無不婉。任天而動，祇率其不綵不競之常，而何有作意矜心於其際也？非然者，剛克柔克，未化其疵，能如是之從容曲中也哉？而又非矯而飾之也。不可託者，外觀之耀，涵濡未久而驟於容貌辭氣，曲示彌縫，有不移時而真情畢露者，切切偲偲怡怡，關中藏不關外飾也，氣體之純也。窺其意而意之誠者無僞，聽其言而言之略者能詳，觀其色而色之温者弗屬，率性而行，祇守其不琢不雕之素，而何有矜情飾貌於其間也？非然者，毗陰毗陽，各留其累，能如是之涵泳精純也哉？謂之爲士，誰曰不可？

氣體安舒，文詞諧暢，不必矜才使氣，自裕輕裘緩帶之風。（原評）

一匡天下

（黎觀察課正取一名）

趙鑾揚

表一匡之功，天下賴有霸佐也。夫春秋之天下，一不正之天下也，仲獨能一匡焉，天下不甚賴有仲哉？且我周之有天下也，四海從風，八蠻通道，猗歟盛哉！此大匡之所以作也。顧郅治溯西京，大畏小懷，開王基者聿昭聖德；而雄風表東海，安内攘外，佐霸業者端賴奇才。隱以定君臣之分，顯以嚴中外之防，天生是人，天之所以爲天下也。而反正之功赫然已。管仲相桓以定霸，子以不當相疑之，亦思斯時之天下，果何如之天下哉？東遷之轍云遥，南征之舟不復，紀綱紊墜，天下幾忘共主之尊。使不起而正之，將酒泉賜而勳戚離心，縞葛戰而强藩抗命，毁冕裂冠，無所底止，奚以振六十

年共戴之王靈？狄既争雄於北，荆更逞志於南，戰鬭頻仍，天下時苦兵戈之擾，使不出而救之，將鯨吞肆而衛邢誰復，蠶食盡而申息爲墟，强淩衆暴，莫可終窮，奚以脩七十國同盟之舊好，是非匡之不爲功？雖然，亦思相桓者，誰實能匡天下哉？天下當王室衰微之日，豈無國高二守資翊戴於王朝，乃天威所不能懾者，仲獨有以丕振之。觀葵邱一盟，知仲之所以匡扶者大。天下當楚氛甚惡之秋，豈無甯隰諸人張軍威於境外，乃干戈所不能制者，仲獨起而玉帛之。觀召陵一役，知仲之所以匡救者嚴。一匡之功，天下不甚賴有仲哉！於以見仲之一匡，仲之能尊周也。夫版泉可兆，成師亦託勤王；醴宥是加，出入亦揚休命。究何如仲之相桓，有以定君臣之正分乃爾乎？姑無論救患恤鄰匡正之宏猷，悉懷君威於咫尺。第觀臣不下聘，使天下知一統之尊；命重五申，使天下奉一王之法以尊之者匡之，大丈夫不當如是耶？

至於山高乘馬之書，猶其一匡之顯見者耳，又以見仲之一匡，仲之能攘楚也。夫城濮出師，一戰亦成偉績；虎牢是役，三駕亦足稱雄。究何如仲之相桓，有以嚴中外之大防若是乎？姑無論招攜懷遠，匡襄之偉烈，足以懾服乎蠻荆。即如江黄盡服，使天下無攜貳之虞；孤竹是平，使天下無邊疆之釁，以攘之者匡之，識時務者爲俊傑耳。他如軌里連鄉之制，不又一匡之小效也哉！觀於到今受賜，誰謂天下可無仲耶？

　　筆意超脱，氣象發皇，自是文中雋品。（原評）
　　勁氣直達，筆力千鈞。（又評）

子曰：君子上達，小人下達。子曰：
古之學者爲己，今之學者爲人

（蕭邑尊課正取一名）

趙鑾揚

　　兩慨人心之異，辨之於所達所爲而已。夫同一達也，而上與下異；同一爲也，而己與人異。是皆人心爲之也，故夫子兩慨之。且吾夫子本達天之詣，開大學之宗，固將合上下古今而爲人心立大防也。故推其心之所究竟，從理從欲，人品顯判夫高卑；溯其心之所肇端，務實務名，儒術亦分乎風氣。聖人兩言之，吾黨並記之。覺品無中立，術無兩歧，斯即人心邪正之關也，可勿辨之於早耶？不然，人情誰不欲上，胡爲而甘就下流？人事誰不謀己，胡爲而曲徇人意？然而人心之異在是也，一視其所達，一視其所爲，人生趨向，詎有定程？乃極其詣所必窮，則作聖作狂，均不肯自留餘地。故占益進者日即高明，流比匪者日趨沈溺。積一心之所到，不造其極不止，即造其極仍不止也，蓋其所達者至矣。爾室功修，原無二致，乃判其境所由入，則喻義喻利，總無非各遂初心。故課躬修者，衹求實獲，工襲取者，純盜虛聲。竭一念之所營，不如其願不安，僅如其願仍不安也，蓋其所爲者專矣。夫子曰：此即君子小人之分途也。君子豈遽期乎上？惟能反求諸己，斯精進無窮。小人豈自溺於下，惟其務以悅人，斯末流難返。其不曰君子爲己，小人爲人，而必以上達下達判之者，殆所爲猶虛，所達乃實也。此人品之分也。夫子又曰：此即古今學者之遞變也。古學未嘗絕人，惟其取法乎上，斯責備難寬；今學非不愛己，惟其每況愈下，斯紛馳難免。其不曰古學上達，今學下達，而必以爲己爲人辨之者，殆所達猶後，所爲在先也。此學術之殊也。吾黨於是連類記之，以見達者爲之所終，爲者達之所始。且夫君子小人，同一學中人耳，立達亦及人之事，而視爲盡性，何至下即污流？忠孝本行已之端，而藉以沽名，安望上儕賢聖？所達之異，實由於所爲歧之，此毫釐所以差千里也。故即兩說而遞引之，庶使爲君子者進而彌精，爲小人者窮而思返。中行可與，意在斯矣，人可不圖厥終哉！抑古今學者，皆界乎君子小人之人耳。倫物苟盡於當躬，雖上不遽上，功業已追往哲；仕宦苟求其捷徑，雖下不遽下，習俗已入時趨。所爲之殊，終必以所達應之，此涇渭所由分清濁也。故即兩說而推溯之，庶使古之學者猶存絕詣，今之學者不誤歧途。三代之英，志有逮矣，人曷弗慎其始哉！

搏挽有力，舉重若輕，是熟極而流之候。（原評）

子曰：君子上達，小人下達。子曰：古之學者爲己，今之學者爲人

（蕭邑尊課正取三名）

李春棣

嚴上下人己之辨，人當謹於始矣。夫達曰：上下君子小人異矣，爲在人己，古學今學異矣。夫子兩揭之，非欲人謹於始乎嘗思邪與正品不同，升與降時不同。品何以辨邪正？則從理從欲不同。時何以判升降？則求實求名不同。究之人以品定邪正，既不能強同矣，而其用心之苦則同；道因時分升降，似不能從同矣，而其用力之專則同。是可連類記之矣。不然，我夫子勉人爲學，其於君子小人，古今人己間己言之屢矣，又奚必辨其品，判其時哉？然而品自不齊也，降衷無優劣，以吾人之趨向爲優劣，身心性命，嚴求之則道日長，寬求之則道日消，一清流一濁流也。爰辨其品曰君子小人。

然而時各有異也。世運無隆污,以吾人之術業爲隆污。禮樂詩書,正用之而理多明,誤用之而理多昧,一真士,一僞士也。爰判其時曰古之學者,今之學者。然而君子小人,非豫爲擬議也,聖狂之界,判在幾希。君子循理自安,無淺嘗,有深造;小人營私爲念,多退阻,少進修,處尊處卑,各有程途以相赴。故即其品以定其趨,曰上達下達。然而古學今學,非故爲區別也,虛實之分,徵諸行習。古之學在心性,既希聖復希天;今之學在聲華,非計功即計利。務内務外,各隨願力以俱深。故即其時以抉其隱,曰爲己爲人。然而上者不自知其上,下者不自知其下也。君子常恐流於下,心地日進高明;小人輒妄矜爲上,心志轉多陷溺。迹其縱心孤往,自有愈上愈達,愈下愈達者,卒至上達者不復下,下達者不復上焉。斯品詣攸分矣。然而爲己非祇知有己,爲人非祇知有人也。古人不必絕乎人,施濟皆性天之事;今人不必忘乎己,詩書亦千進之階。迹其勵志潛修,孰非惟己是爲,惟人是爲者?卒至爲己者終及人,爲人者終失己焉,斯時勢懸殊矣。然而上達下達,即學之驗也。任天任人,道難中立。君子非上智,惟其學念念在己,斯上達者與古爲徒矣。小人非下愚,惟其學念念在人,斯下達者至今不返矣。一念之公私,遂定終身之優絀,立品者可不謹於微哉!然而爲己爲人,亦達之機也。爲誠爲妄,迹不相蒙。古之學何加,而事事以君子自期,斯爲己者達而上矣。今之學何損,而事事與小人爲伍,斯爲人者達而下矣。人心之純雜,遂成世道之盛衰,時習者曷弗慎於始哉!

　　思精筆銳,理障一空。(原評)

子張書諸紳

（蕭邑尊課正取一名）

趙鑾揚

佩服聖訓，誌不忘也。夫子張非不知反身之學，特未喻行之必以是也。得聖言而書諸紳，非欲念念不忘乎？且夫不下帶而道存者，君子之所以立教也，而吾儒即以之存誠。蓋念釋在茲一言，己立終身之準，斯服膺弗失，儆心時存，觸目之資。人所藉以束身者，彼直藉以束心，覺服物也，而服習之意深矣。子張以行為問，子既示以忠信篤敬矣，而必極於參前倚衡者，夫亦謂存誠之學，不可一念忘，尤不可一刻離也。子張於是瞿然矣。以為境，每以積久而思遷，儻一念或疏，前此之悔尤奚寡？惟有一隨在而存者，常儆惕於見聞之地，庶使無形之參倚，得以處紛紜蕃變，而歷久彌真，事每以無觸而易忽，儻一刻稍懈，後此之坊表奚昭，惟有一與身相附者，常顯著於動作之間，庶使有象之立與，得以矢動察靜，存而無時或間，此子張所為有會於紳也。論措施悉當之規，君子曾占夫視履，紳胡為者？乃子張從心領神會之餘，急欲得畢世之箴規，而苦無憑藉，遂不禁弗諼永矢，迫而為銘巾銘帶之心。論文字未興之始，古人曾治以結繩，紳又胡為者？乃子張當默識心通之下，急欲得一身之監史，而惕以無忘，遂將藉垂帶有餘，起而循記動記言之例，吾黨從旁窺之，則見其書諸紳云。是可見子張之積習化焉。從來務遠好高，豈少裁成於函丈，而不聞以書紳誌之者，祇以錮蔽未清耳。今而後柴愚由唵之偏，無庸為子張慮矣。言不必如綸綍，覩此紳而平生要久，千里可應同聲；行不必佩弦韋，對此紳而終始不渝，四海何難攸往，吾道中有何推曁？惟此拳拳恐失者，足以化隔閡於無窮。自子張鄭重書之，覺忠信篤敬之忱，莫不於一紳繫之也。非化其務外者，能有此終身之奉哉？更可見子張之學力進焉。平日問達干禄，亦經提命於師門，而未嘗以書紳佩之者，猶是一間未融耳。今而後多識一貫之傳，亦可爲子張望矣。立不必真踐履，本此紳而功深，瞬息儼然，咫尺相交；輿不必真執綏，奉此紳而意懷，馳驅何至，虛車賦諮，方寸内有何形象？惟此孜孜不倦者，自可徵觸處之皆通。自子張勤懇書之，覺參前倚衡之象，莫非於一紳寓之也。非進於存誠者，能矢此反身之功哉？以是而行，又何難哉！

　　思精筆鋭，局緊機圓。（原評）

學也，禄在其中矣。君子憂道不憂貧

（陳司馬課正取一名）

王恩湔

　　虛指得禄之理，君子以不憂專其憂焉。夫使第見禄在學中，則憂貧者或假憂道償矣，豈知君子固不然哉？學者亦專其憂而已。且國家以厚禄待學者，而一二貧賤者流，乃各假學之途爲禄之地，而憂日生焉。豈知獲其報於學之中，雖非倖致，而專其功於學之内，未可兼營。否則欲收其效，必至兩用其心，安見要人爵者，不藉口於修天爵而戚戚終日也？不然，耕者尚餒，而謀道之君子將以不謀食之故而憂貧矣，且以憂貧之故而不憂道矣。然而君子者，未嘗離道，而亦未嘗終貧也。則盍溯其謀道之心而言學？則盍反其不謀食之心而言禄？名山工講業，本非爲温飽而來，而壇席尊之，何不可？鼎鐘奉之，負蒼生望，食禄何疑也？斯即淡泊鳴高，而德業既優，早握夫俎豆馨香之券，蓋雖無其事而有其理矣。爾室勵娇修，亦非爲斗升之計，而師儒敬之，何不可？卿相隆之，讀聖賢書，受禄何愧也？斯即遭逢難必，而風流具在，自蔚爲朝廷黼黻之光，蓋雖無其遇而有其功矣。學也，禄在其中矣。而或者曰：禄所以慰其貧也，貧乃以求夫道也。執是説也，其所憂者，吾知之矣。志氣不必其過卑，而每以困苦起窮途之歎。膏粱醉飽，雖豪傑不免移情。空山風雨之中，保無有自顧饗飱而輒生太息者。人心長，道心將漸消也，其必憂道移而憂貧也可知。功名不必其苟就，而每以紛華間砥礪之功，寂寞凄凉，雖賢智亦嘗動念一室嘯歌之下，保無有熏心鐘鼎而愈奮修爲者。世味濃，道味轉難淡也，其必憂貧因以憂道也又可知。而君子則不以是紛其憂矣。楊厲戰兢之念，窮則以之嚴操守，達則以之勵貞廉，豈以禄而有加損哉？而固非置勳名而不問也。言揚事舉，食報者其常，夕惕朝乾，潛修者其素。遵斯詣而瓢空巷陋，不以屢空而稍易其懷，其殆成爲君子之淬厲也夫。而君子則正以是專其憂矣。戒謹恐懼之修，內焉用以課身心，外焉用以成事業，豈因禄而計有無哉？而又非舍爵位而不居也。置身華袞，榮我者在大廷；矢志冰淵，勵我者在幽獨。推斯意而疏水曲肱，不以富貴而頓改其樂，非欲勉爲君子之操修也哉？不然，憂貧者或假而憂道，而終將爲禄計也，又豈君子之學乎？

靈緊處耐人尋味，由於個儻中自具蘊蓄，非等有議論而無題目者。（原評）

修身以道，修道以仁

（林都轉課正取二名）

趙鑾揚

身有由修，惟以仁體道而已。蓋非道無以修其身，非仁亦無以修其身之道。以仁體道修身者，尚其知所以哉！今以一身加萬民之上，而欲王道同遵，皇仁共戴，徒沾沾於身外求之，無當也。蓋倫常以外無學問，故帝王之業不異儒生，亦性分以外無事功。知王化之原必根天德，以此身爲建極之身，實以此身爲盡性之身，夫然後身範端而政典明矣。臣言取人以身。身也者，固大道所賴以率由，亦仁心所賴以推暨者也，而要非修之不爲功。修不宜泛而宜切。世豈無身殷延攬，窺其性量，亦或有恩誼旁流者，然非以道範之，則仁既泛而修亦不切也。持循有據，所當切其修於軌物之中，修又不宜雜而宜純。世豈無身秉國鈞，驗其經猷，亦似欲蕩平立致者，然非以仁體之，則道既雜而修亦不純。握要以圖，更宜純其修於性天之地。然則修身可不以道乎？吾身無道外之身，吾身亦無身外之道。耳目官骸，本屬虛器，第循此範圍不過者以爲之主宰，則云爲動作，自合經常，是身無所爲修，惟以道而身乃修也。修身者奈何不以？而修道以修身，尤不可不以仁也。吾身既無身外之道，吾身更無道外之仁，日用行習，貴有真情，第準此固結莫解者，以探其本原，則惻惻纏緜，無非至性。是修身必以道，惟以仁乃能修道也。修道以修身者，奈何不以？然謂道自道而仁自仁者，非也。

　　道不能離身而行，仁亦不能離身而寄，則有是身即有是道，與仁者彌綸於罔間，正不得謂修以道者一境，修以仁者又一境也。皇極有何會歸？祇此至理至情，萃而成飭紀明倫之本。雖修之者若有次第，而身在即道在，道在即仁在，以一理爲貫通，不已得騶驎之精意哉！然謂道即仁而仁即道者，亦非也。道之理本身而見，仁之理則先身而存，故一言身各有此道與仁者，遞驗其功能，正不得謂道與仁無異事，以道與以仁亦無異功也。宸躬何分疏密，祇此大經大本，進而窺整躬率物之原，故以之者各立主名，而有身始有道，有道始有仁，以一己爲遵循，何難紹謨烈之遺徽哉？

　　　吐屬清爽，波折圓融，是作者獨擅勝場處。以此入闈，定當穎脫而出。（原評）

思修身，不可以不事親；思事親，不可以不知人

（吳觀察課正取三名）

王兆蓉

修身以事親爲先，而事親又有所恃矣。夫修身者道也，事親者仁也，而道必先以仁，仁必資乎義，事親知人，不可或緩耳。且道兼萬善，豈專恃乎仁？仁統四端，豈專恃乎義？不知以道修身，不即道中之肫然者盡其職，則道之原不開；以仁事親，不即仁中之當然者取其資，則仁之機不暢。此其中所恃乎仁義者，非淺鮮也。君子修身以道，亦思道之原在仁，仁之輔在義乎？何言乎道之原在仁也？今試問身之所修，將取其偏乎？抑取其真乎？而真莫真於仁。將課於虛乎？抑課於實乎？而實莫實於仁。一言仁，則事親其最重矣。且夫盡其責者篤其性，事親即親親，親親而仁著焉。怡聲下氣，無非真意之流通，而一身之語默周旋，必不或流於僞妄；視膳問安，胥出實心所周浹，而一身之視聽言動，必不或涉於虛浮。故不思修身則已耳，思修身則未有不以事親爲先者。藉曰不事親也，門內之彝倫弗敘，必將與清淨爲緣，吾知其身有入於虛無寂滅者矣。寢門之溫清久虛，必將以燕安爲事，吾知其身有溺於宦官宮妾者矣。而欲身之能修也，奚可乎？夫修身豈專恃乎事親，而必以事親爲先者，亦以仁立，斯道生耳。思修身不可以不事親，何言乎仁之輔在義也。今試問所事在親，將僅求其粗乎？抑深求其精乎？而精莫精於義。將僅得其偏乎？抑必得其正乎？而正莫正於義。一言義，則知人其首務矣。且夫拔其尤者厚其遇，知人即尊賢，尊賢而義昭焉。正士與居，精理之講求必切，而後知服勞奉養，第屬子

道之常；端人在望，正氣之涵養愈和，而後知愉色婉容，實爲家庭之樂。故不思事親則已耳，思事親則未有不以知人爲先者。藉曰不知人也，宵小工揣摩之術，則假紹述以爲名，其禍患有中於家國者矣；近習多便佞之徒，則搆讒言於闈闥，其釁隙有生於骨肉者矣，而欲親之能事也，奚可乎？夫事親豈專恃乎知人，而必以知人爲先者，亦以義精斯仁熟耳。思事親不可以不知人，然而猶有進。

　　兩大比文氣清疏，詞意融洽，不入理障一派，自是佳搆。（原評）

知、仁、勇三者，天下之達德也，所以行之者一也

（林都轉課正取一名）

王兆蓉

　　德徵於達，而行出於一焉。夫知仁勇，同得之德也，然德之所以行，達道則出於一焉，是可切爲指之。且自率性修道，無紛歧之理，亦並無紛用之心。使以性修道，而或有明有闇，有純有雜，有强有弱，是異而非同也。道必有修有不修，使以性修道，而或明間以闇，純間以雜，强間以弱，是僞而非真也。道亦雖修如不修，豈知儔類雖衆，性理胥同，事物雖繁，性真不二，而同得者可統計矣，而實得者可切指矣。臣言達道，道不一，將行道者亦不一矣。顧不一者人也。而至一者德也。知仁勇三者，固達之於天下者也。皇古氣運獨隆，至王降帝升，純駁不無或異，而一溯最初之性量，覺至精至粹至剛之本體，早於稟受而同原，黃農叔季無殊趨也，降衷之所以爲恆性也。上聖得天獨厚，至別聲食味，清濁不無或殊，而一窺性體之淵涵，覺不惑不憂不懼之良能，早於乾元而各正，聖賢庸衆無

異理也,物則之所以爲秉彝也。天下達德,行達道者,非以此乎?
然而於此言行,觀其分猶未證其合,循其名猶未覈其實也。是果何
以行之哉?將任己行之,而曰吾好吾知,吾好吾仁,吾好吾勇乎?
果爾,是吾心本非自盡於三者,而特假知仁勇之名以相炫也。而知
必失之蕩,仁必失之愚,勇必失之粗。將任人行之,而曰吾效人知,
吾效人仁,吾效人勇乎?果爾,是吾心本自有此三者,而又襲知仁
勇之迹以相參也。而知或流於矜察,仁或流於優柔,勇或流於躁
率,果何以行之哉?曰:此其中有所以焉。所以維何?一而已矣。
一見於自盡,德亦見於自盡,特所盡者虛實不同耳。參以虛僞性
理祇屬空談;處以實心,名教,皆爲樂地。而初非於知仁勇之外,
別有所謂一者以相輔而行也。第純乎知而不雜以昏昧,純乎仁而
不雜以私欲,純乎勇而不雜以因循,而行有真宰矣。是所謂一者,
固即三者之真實无妄所表而出焉者也。推行盡利者此也。一處
於不已,德亦處於不已,特不已者,真僞有辨耳。僞妄相將,官骸
盡成虛器;真誠所積,倫紀賴有完人,而亦非於知仁勇之中,先有
所謂一者以相率而行也。祇全其知,並不參以刻覈;全其仁,並不
參以優容;全其勇,並不參以壯往,而行有挾持矣。是所謂一者,
又即三者之純粹,以精所返而凝焉者也,躬行皆逮者此也。試即
知行言之。

　　起講思精能入,筆鋭能出,劍之鋒即其筆之鋒。起比以經
　證經,語雖尋常,獨見諦當,出落處停頓有度,鉤勒分明。中比
　任情與襲迹,皆非誠也,兩層夾寫出一字,意境渾涵,而筆仍淩
　空。後比不即不離,自在箇中。通體詞旨諧暢,理境圓融。
　(原評)

知、仁、勇三者，天下之達德也，
所以行之者一也

（林都轉課正取三名）

尹　湘

　　詳德之所以行道者，惟一故行也。夫知仁勇謂之達德，固以之行達道者也。求其所以行修道者，尚貫以一哉？且德之本於生初者，似不得分以名之，以其渾渾焉有純而無雜也。自人心間於後起，而昧焉私焉餒焉者，遂與道相離，離而求其合，則必使本明者無昧，本公者無私，本強者無餒，以吾美備之德流貫乎道之中，仍歸於有純而無雜，如是焉已矣。達道有五，究何以行之哉？夫欲有以行，當實驗某所以行也。則修道之仁，先以知，繼以勇，而達德可詳矣。游移非知，私偏非仁，因循非勇，若達德，乃固有而無弊者也。論造就，則賢聖似有餘，論賦畀，則庸愚非不足。性天之美，謏之而無可謏也。無可謏，故達也。刻察非知，優柔非仁，鹵莽非勇，若達德，固同具而難假者也。由於人者或多矯飾，得於天者，必無紛歧誕降之良，掩之且莫可掩也，莫可掩故達也。天下之達德，有此三者，非所以行達道者乎？然不得遽云行也。自來身世之際，每不無危疑震撼之遭，況事繫倫常，其難處者倍多牽制。或見理已審而昧於時勢，立心已厚而惑於沮撓，向道已堅而怵於利害，此非謂之不知不仁不勇也，特所操不定也。自來功候所臻，又不無消長盈虛之隙，況性原稟賦，其可危者界在幾微，或明其察識而鄰於自矜，求其渾全而偏於不覺，勵其貞固而怠於無心，此不謂之無知無仁無勇也，特所造不純也。然則所以行之者，豈有他哉？一而已矣。一則見其功不虛焉。夫修爲無所依據，其德亦惝怳而難憑。以一爲歸，則精神斂而不致混淆，私欲淨而不形憧擾，操守固而不涉躁矜，德不諉故行不阻也，而固非於德之外求其一也。一於知則知精，一於仁則仁純，一於勇則勇大，稍涉於虛，已隔閡而難通矣。行所以貴乎無妄也，一則見其心不貳焉。夫意念有所紛更，其德亦變遷而無定。以一爲準，則識不蔽而愈見靈明，性不虧而愈徵邃密，氣不靡而愈著安貞，德至壹故行至周也，而亦非於行之後求其一也。知一者始明道，仁一者始樂道，勇一者始任道。苟有所貳，已回惑而無可主矣。行所以貞於不已也。德求其實，脩道者豈止一仁哉？

詞旨穩愜，意境圓靈。（原評）

曲能有誠，誠則形，形則著，著則明

（馬太尊課正取一名）

林駿元

由曲以驗其誠，效之見於己者可推焉。夫人特患不誠耳，誠則形著與明有遞推而可驗者，不已見致曲之效乎？當思誠能盡性。夫所謂盡性者，必其有諸內者無歉，而後見於外者有餘也。蓋性體所涵濡，其由偏而得全者，當境特精其詣力；斯性真所蘊蓄，其由微而之顯者，當躬難祕其光華，盡人合天，克臻其極焉。肫然者易見，顯然者可睹，燦然者有章，德容也，而真誠寓焉矣。其次致曲，曲者，誠之一偏也。使致於一事，而不能隨事而昭，猶未盡其誠之實也。致於一時，而不能隨時而見，猶未顯其誠之精也。而今既致其曲焉如是，是能有定識焉，即吾識所已及，並擴吾識所未及。學以深而愈進，能誠而理欲弗淆，心以用而愈靈，能誠而公私罔間。則誠雖於曲開其始，曲即於誠要厥終也，斯誠之所醞釀者久也。是能

169

有定力焉,即吾力所已充,並求吾力所未充,功遞引而遞深。誠不在僞爲而在實踐,理漸推而漸滿;誠不在矯託而在真修,則誠固於曲發其端,曲即於誠窮其委也。斯誠之所含蓄者宏也。然而誠非強爲也,誠蘊於中,自有蘊含之妙;誠流於外,悉瞻流露之真。朕兆甫呈,斯根心生色矣,則形矣。然而形非作致也,形諸容貌,威儀亦驗端嚴;形在事爲,進退特昭法度。端倪偶露,即積厚流光矣,則著矣。然而著非有心也,著於大廷,酬酢胥徵道範;著於爾室,燕閒自溢德輝。和順堪思,即由表徹裏矣,則明矣。夫學修特期縝密耳。人惟陶鎔已久,不必遽矜其氣象,而氣象自見爲崇宏。其誠無不形,形無不著,著無不明者,有本有文,無意之發皇弗僞而非誠者,不能有此學修也。豈必縱其官骸,而淑性之功流爲睟盎;豈必弛其衾影,而持身之道,中以從容?境屢易者象愈新,誠意所彌綸,則由形而著,由著而明者,自無待於矜持也。其學修不已密哉?抑涵養貴底精純耳。

人惟德業既深,不必致飾於儀容,而儀容自昭其暉吉。其誠有必形,形有必著,著有必明者,閟中肆外,從心之發越皆真,而非誠者不能有此涵養也。有時外觀所露,而輝光丕煥,悉本中藏;有時內美俱含,而篤實無私,自他有耀息之深者,達自亶誠,心所推暨,則因形而著,因著而明者,自無關於表暴也。其涵養不已純哉!誠之在己如此,而物可推矣。

體認獨真,細意熨貼,一切浮煙漲墨,悉埽而空,理境中上乘文字。(原評)

君子之道，淡而不厭

（王邑尊課正取一名）

沈士鑠

進釋君子之道，平淡中有至味焉。夫君子爲己者也，即道之平淡者而繹之，不有覺其不厭者乎？今夫道之存乎爲己者，言之固覺靡盡也；道之發於至庸者，味之亦覺靡窮。蓋義理在耳目之前，探索初無止境；倫物非新奇之事，循習直可終身。祇此尋常日用，而其詣遞進者，其旨彌長，益歎道中之境地爲倍，真已闇然日章。吾固深慕乎君子之道，而樂爲指明也，吾尤有味乎君子之道，而不能恝置也。蓋道統乎身心動靜，固覺擬議之難窮，而道不外夫婦知能，尤非研求所能盡。僞學務爲高遠，以其道驚愚飾智，而一覽已覺無餘。無他，道不中也。君子有出於至中者，中則本身作則，道無弗存，亦由淺及深，道無或竭也。蓋蘊藏有真焉者矣。俗儒好事張皇，以其道立異矜奇，而反求實覺無味。無他，道不庸也。君子有本於至庸者，庸則作止語默，罔非道之發皇，亦事物周旋，尤見道之親切也。蓋旨趣有永焉者矣。試即君子之道繹之，非遠人爲道也，淡也；亦即費隱之道也，淡而不厭也。蓋畢世莫殫之事，切驗之，無非倫類所共知，而道在當前，衆人共之而絶少難能，一人求之而終無究竟。卑邇之境，一自身歷其曲折，而衷懷轉樂相從，則其道固彌引而彌長也。爾室自盡之端，深求之，皆有精微之可造，故道無異致。一時視之而以爲甚淺，時時踐之而轉覺甚深。平易之途，一經當境之率循，而念慮不能或釋，則其道亦愈求而愈切也。吾於是觀其言，而歎道之有餘味焉。立論有何崇閎，止以闡綱常之理；著書有何深邃，止以明心性之功。以爲淡則誠淡矣，乃訓不外婦子家人，問於心而倍深體驗；說不外格致誠正，究其蘊而倍極紆迴。在君子言皆庸常，亦第自道其甘苦，而初不知其何以淡，何以不厭也。則言之發於爲己者，不已無所致飾哉？吾於是觀其行，而歎道之有真趣焉。忠孝皆前人所已敦，君子不過踐其成迹；性天皆愚賤所同具，君子不過課諸當躬。以爲淡則誠淡矣，乃造端在庭戶，而純則不已，且有鳶飛魚躍之機；致力在功修，而深造逢原，且徵右有左宜之樂。在君子行無詭異，亦第自盡其辛勤，而并未嘗自期於淡，自期於不厭也。則行之出於爲己者，不已見其務實哉！進觀其簡而文，溫而理，而君子之道盡見矣。

　　息深達臺，闡發盡情，非寢饋功深，不克臻此境詣。（原評）

君子之道，淡而不厭
（王邑尊課正取二名）

趙鑾揚

　　推君子闇然之道，於淡者先見其章焉。夫道曰闇然，似君子之道失於淡矣，而不厭焉，非於淡先見其章乎？且天下惟平淡無奇之事，最易令人厭也。凡事然，即道亦何莫不然。豈知道之見於外者，固不足饜乎人心，而道之蘊於中者，實有無窮之旨趣。試爲深以求之，覺名理之餉遺，不予人以可愛，正不予人以可憎，蓋至理也，而至味存焉矣。君子之道，何以闇然日章哉？蓋外飾之粉華，反已悉屬淡忘之事；中藏之蘊蓄，積久不生厭倦之心。此愈闇愈章，非小人之的然所可託也。惟然，盍進詳君子之道？君子之道本乎中，中則正，正則絕無可驚可喜之處，足以快人之心思。故淺嘗者一覽無餘，而義理之淵深，無以永其斯愛斯傳之趣。君子之道盡

乎庸，庸則常，常則更無至新至奇之端，足以悦人之耳目。惟深嗜
者引伸無盡，斯神明之蘊結，乃先得其太樸太素之真。蓋其闇然
者，正以見其道之淡也；其日章者，正以見其道之不厭也。則試詳
其闇然日章之功，先擬其淡而不厭之實。今夫人之於飲食也，肥甘
本適口之資，過用則易爲所困，獨至元酒太羹，平淡無味，而晨昏必
設，轉得以食之不厭者，留黍稷之馨香，無他，味以淡而彌永也。君
子之道，亦如是也。今夫人之於采色也，濃麗本悦心之具，數見每
覺其不鮮，獨至粉地素質，黯淡無華，而歷久常新，轉得以相看不厭
者，見本來之面目，無他，色以淡而益真也。君子之道，亦如是也。
世豈無高言清淨而矯託乎淡者？然而淡非真淡，厭即伏焉。君子
之道，固由不厭而見其淡也。道莫大於察天地，而紬繹其理，一夫
婦即造其端；道莫備於致中和，而探討其原，一飲食能知其味。可
見尋常行習之端，有意研求其義，皆相尋於靡。既其淡焉者，皆其
不厭之心所醞釀而出者也。而君子何嘗自明淡泊哉？世又有好爲
隱怪而自託於不厭者，然而不厭所厭，淡何有焉？君子之道，又由
淡而見爲不厭也。六經皆屬庸言，而闡其道於禮樂詩書，百世猶耐
人尋繹；五常無非庸行，而行其道於子臣弟友，千古亦動其低徊。
祇此平易近人之理，虛心潛玩，其味益覺爲深長。其不厭者，又其
淡然之旨所固結而成者也，而君子何嘗預防厭斁哉？合之簡文溫
理，道之闇然而日章者，不益見乎？

　　切埋廛心，絲絲入扣，關合處都有體會，足徵養到功深。
（原評）

君子之道，淡而不厭

（王邑尊課正取三名）

尹 淮

即務實之道申言之，有見爲不厭者焉。夫君子固道在務實也，雖淡而見爲不厭焉，其闇然而章也已如此。且道果本諸真實之一心，則推究焉有無盡之餘思，亦涵泳焉有無窮之餘蘊。以無盡者求其實，功修在日用之常；以無窮者罄其藏，旨趣致人心之慕，即是道而尋繹之，勿謂平易者之即盡其蘊也，亦勿疑平易者之未深其蘊矣。闇然日章者，爲君子之道。夫既曰日章，必其言行之大端，有不厭於推求者也。不然，吾何以思君子不置也？君子立心之始，初無鉤深索隱之思，以立心者立言，決不欲出於虛夸，震動庸流之耳目。名教黜浮華之習，知心身之外，不尚詞章。君子勵己之餘，本無炫異矜奇之迹，以勵己者勵行，決不欲流於詭異，矜張一己之才能，修儒無矯飾之私，知倫紀之中，必敦踐履，君子之道，至是而先見爲淡矣。夫不見爲淡，無解於闇然之君子也；而僅見爲淡，又何解於日章之君子哉？在君子平心觀理，祇自道其甘苦之所嘗，乃詩書義理之精，淺窺焉，亦心性之常。及深而求之，覺馨飫薰陶，皆餉我以涵濡之味，淺而見君子，深而益見君子也。在君子壹志修身，祇自率其性情之所愜，乃忠孝節廉之事，暫觀焉，亦倫常之分；及久而思之，覺低徊往復，愈動我以鼓舞之神，暫而識君子，久而益識君子也。蓋雖見爲淡而自不厭也。君子之闇然日章，不已見哉？言必以逞奇動衆，雖自矜論辯，置身撰述之林，恐過事張皇，必無含咀靡窮之蘊奧，以發之不足於理也。君子研理必真，言爲人所易明，雖愚賤聽聞而不駭；言爲人所難盡，雖聖賢參酌而不移。初不必務尚詞華，而切於身心，闡發在六經之奧，妙於感發，流傳至百世而深，歷一時而其旨已昭，易一時而其趣彌永也。非君子能有此敷陳哉？行必以立異鳴高，雖自許措施，競勝聲華之地，恐務爲緣飾，必無推求悉當之旨歸，以措之不本於心也。君子存心不失，行其分所當盡，無庸流俗之震驚；行其心所可安，靡不性天之感動，初不必務求隱怪，而真情所結，稱揚不没於後人；至性所流，歌泣難忘於行路。歷一候而其境若淺，易一候而其味彌長也。非君子能有此率履哉？君子之言行如此，可即闇然而章者進驗矣。

稱心而談，言皆有物，知於此道，三折肱矣。（原評）

秋省斂而助不給

（馬太尊課正取三名）

斂亦有不給者，省於秋，又爲之助焉。夫秋有斂，猶春有耕也，先王省之，凡不給者，不又有以助之乎？且自草野樂千倉之積，茅檐慶百室之盈，似歲屆秋成，不必重勞法駕矣。乃乘白輅以遥臨，無麥無禾，屢勤清問，而向黎民以軫恤，議蠲議賑，默繫宸衷。如謂納稼築場，無煩大君戾止也，凡匱乏堪虞者，不幾壅於上聞耶？不足既補於春矣，將澤慶如春者，庶幾歲卜有秋乎？人可以足者，庶幾家無不給乎？乃時爲秋矣，民將斂矣，先王則又何如？當元辰秉耒之時，鸞輅載途，蔀屋咸霑夫膏雨。乃東作方致滿篝之慶，而西成迭興懸磬之嗟。使辰居以簡出爲名，安能使稼穡艱難，上陳黼座？當小卯出耕之候，龍旂載道，芸生悉被夫仁風。乃青陽既發倉廩之儲，而白藏竟靳困廛之利。縱有司以虛文相尚，安能使閭閻疾苦，遠達彤廷？民之斂也，先王又省之。夫省之者，省其不給而助之給者也。王者不居小惠之名，當此萬寶告成，豈猶有咨暑咨寒之衆？而皇躬廑體恤，又何憚翠華遠駐？爲蒼生默酌其盈虛，天子屢下寬仁之詔，縱使三時不害，保無有呼庚呼癸之儔。故哲后切疇咨，又何妨玉趾親臨，爲黎庶更權其緩急，夫不有不給者乎？省之切，斯助之殷矣，編氓被膏澤深矣。憶前此偗人命駕，已經府庫之頻頒，際茲玉露初零，民雖杼柚其空，且有祕其事而不爲肺石窮民之告者，而先王則窺其隱矣。省之哉！地有肥磽，解慍阜財普其利；民有勤惰，散財發粟樂其休。倘歲及瓜期，而民多菜色，則引爲瘝寐隱憂也。叩門慰水火之求，比戶樂倉箱之滿，此一助也。有較之移民移粟而倍饒富足者已，父老望顏色久矣。想前此我后巡行，既已帑藏之俱發，值此金風將至，民也室家告匱，且有待其澤而翼爲哀多益寡之謀者，而先王竟償其願矣。省之哉！時有遲速，固宜宣德而達情；歲有嗇豐，更宜扶危而救困。使星言復稅，而露積難期，以是爲聖朝闕事也。三農占魚夢之祥，四野泯鴻嗷之歎，此一助也。有不奢餘三餘一，而共樂豐盈者已，試徵諸夏諺。

　　詞條豐蔚，氣象光昌，此爲出色當行。（原評）

去邠，踰梁山，邑於岐山之下居焉

（蕭邑尊課正取一名）

王銘恩

　　述古人遷國之事，有可遷則遷者焉。夫太王遷國，爲避狄計也，去邠踰梁居岐，非以其可遷則遷乎？且事勢當無可如何之會，至迫爲避地遠就之思，此固冀圖宗社於僅存，似亦無能爲役矣。抑知避強敵而適他鄉，雖爲侯服偏安之計，建宏模而啟土宇，早奠王業開創之基。此其際舍舊圖新，有不憚趨避之勞，卒能籌謀於盡善者,如太王遷岐一事,有可考焉,屬耆老告以將去。夫去之固必有所居之也,而果何去哉?有邰作室以來,瓜瓞綿麻,早著建邦之績,顧忍以封疆多故,遽棄其祖宗邱墓之鄉?然大敵難摧,與其委曲以求全,不如馳驅而遠適,則命征夫以前路,應無增異地之悲。公劉就遷而後,夕陽既度,早徵卜世之祥,顧忍以邊釁未平,遂抛其孫子聚依之土。然強氛難犯,與其坐安以待盡,何如暫避以圖全,則率父老而偕行,自可卜樂郊之適。太王去邠,蓋欲避地而居,以免夫狄人之擾也。其將遨遊異域,無爲奠宅之謀歟?抑將回首故鄉,暫作棲身之計歟?地不據夫險阻,難免內逼之虞,大國恃其憑陵,強鄰逞其窺伺,圖謀未善,而國祚旋傾,則以去而居之者未深其慮也。險既越夫岡陵,遂成允荒之業,敵不能荷戈而至,寇何能牧馬而來,經畫有方,而邦基益固,則以去而居之者早善其謀也。太王去邠之後何如乎?相傳其踰梁山,邑於岐山之下居焉,吾因之有感矣。既不能撫偏隅以坐鎮,而徒以離鄉去國,僅僅惟避敵是圖,竊歎其計之已疏矣。然而社稷猶可藉以圖存也。思我先王之居此邠也,幾何世矣!陰陽何以相,流泉何以觀?一旦而隙啟鄰封,坐失前人之故土,問心何以安乎?惟以去邠居岐者,期恢復於他年,則不可爲者,目前之時勢;有可爲者,日後之營謀,太王蓋不知幾經顧慮而始邑於此土也。夫豈出於苟安哉?又不能復大業於先人,而僅以築室定都,亟亟惟省山是務,已慮其謀之未遠矣。然而宗社猶可賴以維繫也。念我先王之邑此邠也,幾何年矣!疆場相土地之宜,酒醴上公堂之頌,一旦而變生不測,頓墮列祖之遺謨,撫衷能無愧乎?惟以去邠居岐者,冀振興於異日,則不足恃者,積弱之難挽,有足恃者險要之可憑。太王蓋不知幾經審度而始居於是邦也,夫豈由於妄動哉?觀邠人之頌仁人,不又見太王得民心乎?

詞筆清暢,意境圓融,水到渠成之候。(原評)

其爲氣也，配義與道；無是，餒也

（劉觀察課正取一名）

王兆蓉

　　養成之氣配道義，而體不可不充矣。夫天地間有道義，惟氣足以配之耳，亦惟配之者不餒耳，又烏可無是哉？且天地虛其中而道義實之，道義虛其中而氣實之，氣固恃道義載之以出乎，而不知道義實賴氣輔之以行，得所輔而氣以壯，失所輔而氣以頹。而壯焉者，堪與相助爲理矣，而頹焉者，徒覺外強中乾矣。直義無害，天地之所由塞，即一體之所由充，充則不餒矣。吾於是就氣論氣，而知絕少游移之迹；吾於是不第就氣論氣，而知確有附麗之緣。吾儒有抱義之名，抱則隔膜而不入，必有訢合無間者，而後化裁通變，攸往咸宜。修士有任道之責任，則力小莫能勝，必有包舉無遺者，而後名教綱常，範圍莫外，則配之説也。蓋觀於義與道，而知氣之成於養，因以知體之得所充。蓋極擬其功，氣之所發皇，無非人心之裁制，則氣達於義矣；義之所變化，無非天理之流行，則義原於道矣。當其奮發有爲而見氣之時，即是見道義之時，而此際並無兩候也，此可設身以想者也。而切究其弊，道爲虛位，乃不能得所推行，則道因義而虧矣；義不虛行，乃不能神其鼓舞，則義因氣而虧矣。縱使名實不差，而見道義之地，究非見氣之地，又安能直前一往也？此可反言以決者也。若云無是，尚可冀其充乎？有祇見其餒而已矣。且夫氣之於道義也，貴中外之相符，尤貴始終之罔間。姑無論見義而不爲，信道而不篤，其餒可顯見也。即使談忠論孝，義理常昭，矩步規行，道學自守，而精氣之凝結有未真，終覺游移而鮮據。古有激昂慷慨，力維道義之防，而窺厥中藏，不免夢魂之驚擾者，其意餒，其氣頹也。中外不相符，不且徒勞奮往哉？又無論慕義於一旦，見道於一端，其餒可立待也。即使節著非常，大義亦伸於天壤；力持正學，講道弗愧於名流，而正氣之周流有未貫，終必搖奪於羣言。古有忠孝貞廉，堅持道義之正，而考其晚節，頓歸末路之自隳者，其志餒，其氣靡也。始終苟或間，又何問乎餒爲哉？無是，餒也，人可不養浩然之氣哉！

高挹羣言，絕不落第二義，能於先輩名作外，拔戟自成一隊，老筆紛披，顛撲不破，骨重神寒，方斯文品。（原評）

中二偶就延平兩說，反正分配，尤爲識力俱高。（又評）

其爲氣也，配義與道；無是，餒也

（劉觀察課正取二名）

尹　湘

氣有足以輔理者，養成而體始充矣。夫氣何以配道義？以氣之能直養也。氣失其養，則體不充，而難以言配矣。故孟子言氣之用，而兼揭之曰：氣也者，與理相濟而行者也。虛而無薄之理，惟氣之實者能充之。氣不奪於偏私，卓然有渾涵之用；氣或撓於利害，靡然有消沮之虞。以氣輔理，則理有所明，氣足以赴；舍氣言理，則氣有所歉，理何以全？甚矣，氣之所關者大也！直養之氣塞天地，是氣無不充，亦無慮體有未充矣。夫氣之爲體如是，亦思氣之爲用哉！制萬物而無所屈，渾然無缺陷之留，磅礴鬱積之中，隨感觸之機而畢發，理達於事，而事之裁制從而應之，夫固一貫而出也。舉成敗利鈍之遭，胥恃此主宰之真，而不虞回惑，歷百年而無或衰，毅然有堅貞之守，層累曲折之數，藉擴充之力而能周，理足於心，而心之範圍因而生焉，夫固耦合而成也。舉名教綱常之任，胥恃此扶持之用，而無慮阻撓。然則義之與道，非直養之氣何以配之哉？夫所謂配者，分為用，實合為功也；兩而化，實一而神也。氣不可虧，虧則虛而無所憑，乘間而擾之，氣且有不能自主者，而欲其他有所助，庸有濟乎？道義原自充實，助之者反失於虛焉，恐終與道義隔矣。氣不可衰，衰則偏而無所麗，抵隙而雜之，氣且有不能自全者，而欲其出有所輔，庸可冀乎？道義原自渾全，輔之者反失於偏焉，恐轉為道義累矣。何也？無是氣者必餒也，尚何足配道義哉？匹夫逞血氣之私，臨事而或多顧慮；少年矜意氣之銳，踰時而漸即消磨。奮往自雄，擾擾者何嘗近理哉？正氣之充周也。理所見即氣所見，而當躬獨任之事功，不至以因循自誤；倫紀難辭之責備，不至以苟且圖安。修省之地有貞操，故邁往之程無怠意。非然者，率履之方，殊多遷就，經權之用，未免游移，有遲回坐廢焉耳。柔懦者氣不能充，未敢激昂以任事；寂守者氣無所附，徒知退諉以自安。隳廢多端，瑣瑣者豈足奏功哉？真氣之貫注也，理所凝，實氣所凝，而震撼危疑無所阻，先乘以奮發之機；化裁通變無可拘，獨出以維持之用。涵養之功無所歉，故操修之力無不堅。非然者，遲疑無主，坐失機宜，進退無憑，徒形偷惰，有挽回莫補焉耳。彼氣有未養者，亦知氣之為用哉！

　　筆酣墨飽，題解自明。中二了然渙然，足當清真兩字。後比靠實透發，配字正面既到，則餒字反面言下見象矣。（原評）

國家閒暇，及是時明其政刑，
雖大國必畏之矣

（黎觀察課正取三名）

解開元

仁君貴及時而有爲，不求榮而自榮矣。夫國家不易得閒暇之時也，及時而明政刑，則大國未有不畏者，豈非仁榮之明徵乎？且有國家者，孰不欲從容坐理，樹小懷大畏之模哉？所患者，有其志而不得其時，斯迫於無如何耳。夫惟處大可爲之日，上安下息，乘機不可失機。存大有爲之心，一行防姦，化理務求上理。國無論強弱，惟此制治保邦之意，最足樹國本而壯國威，蓋治具張而治法得焉矣。賢在位，能在職，是時也，同心同德，鄰封已不存輕量之思，而憂國憂民，人君恒自懍逸安之漸，是亦安有所謂閒暇哉？開創之君，艱辛歷試，無一日覺其寬閒，顧敬事者惕勵之小心，而無事者承平之歲月也。則竭蹶以圖，宜兢兢籌自強之計。中興之主，宵旰自勤，無一息形其暇豫。顧難安者兢業之全神，而少安者朝廷之幸遇也。則近憂已釋，宜懍懍立經久之謀。國家閒暇，豈非難得之時乎？且夫救弊扶衰，人存所以政舉也；赦過宥罪，法省所以刑輕也。而抱修明之志，當得爲之時，則固勢有可圖，而謀之宜早也。夫當呼吸安危之日，倉卒應變，勢難策乎萬全。饑饉至，疇肅典常；師旅加，疇清囹圄。即有老臣碩輔，思濟艱難，而究之危急之秋，徒自深積弱之歎也。此遭時之不偶也。而值罷兵息眾之餘，發憤爲雄，功可成於談笑。烽燧銷而紀綱宜整，邊警息而法度宜修，即或致霸興王，難期旦夕，而究之振作之氣，已潛消覬覦之憂也。此乘時之可爲也。及是時而政刑明，辱遠而榮至矣，雖大國必畏之矣，昇平景象未易覿矣。始迫於誅求之逼,而効命不遑,繼迫於征伐之煩,而土地莫保,擾擾者伊胡底乎?今乃於干戈日起以來,猶得此從容之一時,則可恃仍若未可恃耳。及乎此而備除苛政,爲兆姓謀生成;痛革淫刑,爲蚩氓寬手足,時縱閒暇,當之者倍覺悚皇,雖七雄並駕,六國連兵,不皆曉然於主德之罔愆哉?列辟紛爭,非一日矣。計臣以阡陌進而樂談富國,武士以戰陣進而喜語强兵,憒憒者曷有極乎?今乃於雄長相爭之會,猶有此休息之一時,則可幸仍若未可幸耳。及乎此而布政有經,必使倒懸立解;省刑有典,惟期法守可遵。時當閒暇,處之者不敢優游,雖齊侈兵車,楚矜廣駕,不皆翕然於承流之恐後哉?此仁榮之明徵也。

　　局度安詳,發揮透闢。(原評)

隘與不恭,君子不由也

(黎觀察課正取二名)

趙鑾揚

　　善學古者不泥古,君子能得中也。夫隘與不恭,非夷惠之失,不善學者之失也。君子不由,不誠善學夷惠乎?且士生古人後,苟輕量古人與曲徇古人,均非善學古人者也。善學古人者,於古人至極之詣,不敢輕量焉,阻人興起之思。故吾論夷惠之行,而曰百世可師者,見千古之人心,於以振於古人偏勝之端,不敢曲徇焉,誤人率從之準。故吾指夷惠之偏,而以君子不由者,爲千古之學術正其趨。不然,伯夷柳下惠固清和之聖,而爲人所共由也。而吾必指其隘與不恭,何哉?謂隘不可爲夷,何以頑廉而懦立?謂不恭不可法惠,何以鄙寬而薄敦?在古聖縱情孤往,原不計後世之我從,惟是時勢所遭,不得不自率性情,矯然而各行其是。謂以隘學夷,孰能忘情於舊怨？謂以不恭學惠，孰能矢介於三公？在後儒篤信過深，每自恃前型之可託，及至變本加屬，遂不免顯呈疵纇，冥然而不覺其非。是隘與不恭，非夷惠之失，不善學夷惠之失也。而謂君子由之乎？中庸豈竟難能獨至，事以奇傳，往往爭思夫攀附，豈知孤標落落，可神似不可迹求也。兩聖遺型，非無可法，祇以羣相竊似，致使前言往行，卒蒙不韙之名，是流俗之師承，淹没古人之實學不少也。此則君子所深惜也。成德雖云罕覯，何至詣以偏勝，紛紛競樂於追從，豈知奇節彰彰，可有一不可有二也。吾儒造詣，原貴折中，使以前事可師，遂令作意矜情，永抱不純之憾，是古人之畸行，貽悞後世之人才更多也。此尤君子所深懼也。不由也，一見君子維道之深，一見君子力學之正，大道任自求耳。名教本甚寬，何必以狹隘之規激成高蹈？斯人皆吾與，何必以不恭之意矯託和光？君子知學夷必流爲隘，學惠必流爲不恭，故不惜以往聖前賢力抉其瑕疵，降而從姑舍之列，庶使聞孤竹之風者，不矜崖岸；景士師之德者，不涉依違。以不由而善所由，君子所以爲大道之宗也。夫學問貴得中耳，清不鄰於矯，則天懷淡定，詎自隘其規模？和不失於流，則度量含宏，詎不恭以玩世？君子知隘者必託於夷，不恭者必託於惠，故不敢以高風亮節稍存其回護，引而爲私淑之人，庶使矜介節者禍泯清流，尚和平者才非曠達，以不由而專所由，此吾所以有願學之志也夫。

　　非夷惠不可學，實爲不善學者説法耳。中二比一爲夷惠惜，一爲不善學夷惠者惜，兩路夾寫，實達出所以不由之故。結尾歸到願學孔子則不由，尤有著落。孟子自任意，亦曲曲傳出文看，題既真，筆亦雍容華貴。（原評）

隘與不恭，君子不由也

（黎觀察課正取四名）

王兆蓉

不學其所不當學，而聖人乃大可學矣。夫隘與不恭，夷惠之偏也，不由其偏，而夷惠見矣。而君子一夷惠矣，豈夷惠不可學哉？且士生三代後，不學古人，將奚學哉？顧曲掩古人之長而學術岐，即曲諱古人之短而學術益岐，則始以形似乎古人者藏其身，繼以偏倚乎古人者藉其口，終且不自知其不善學之非，而謂古人貽其患，此則君子所大懼矣。不然，隘如夷，不恭如惠，君子之所服膺於夷惠者，正以其隘也，正以其不恭也。而吾獨反覆詳審於其隘與不恭者，何哉？蓋舍其偏而求其正，則為夷之介節自持，足以式浮而振靡；為惠之和平相處，足以化躁而平矜。是即造詣未純，而獨行可風，何虧至行？若舍其正而求其偏，則第為夷之嚴屬，恐舊惡亦不忘情；第為惠之寬容，恐三公足移素守。是雖取法乎上，而過中有弊，難語時中，吾用是思君子矣。且夫鎮物者矯也，諧俗者隨也。嚴以持己，非褊急者所得與也；寬以持人，非脂韋者所得託也。慨自古人不作，士習日非，徵聘不至，自謂身置黃農，遷就為懷，豈識世居叔季。問所由來，則曰吾學夷惠也。於是有曲肖夷惠之隘與不恭者，則一唱百和矣，而人皆慕夷惠；於是有更勝夷惠之隘與不恭者，則變本加屬矣，而人皆憾夷惠。嗟乎！在古人不過制行偶偏，而後世學術之累，由是滋焉。是豈夷惠之過哉？由之者之過耳。是以君子為夷惠計焉，為一己計焉。所最可懼者，往哲流傳，示以先路之導，而反蒙不韙之名耳。夷好嚴凝，豈同獨高清淨；惠偏和厚，詎等與世浮沈？一自由其隘與不恭，而前人之各成其是者,遂難免後人之瑕疵,是使數百年之高風亮節,盡湮沒於附託名賢之徒也。夷惠有知,能勿深痛乎?所尤可懼者,畢生效法,出於尚友之心,反入於迷途之誤耳。以君子之有守,豈難繼軌於西山?以君子之有容,豈難追蹤於東魯?一自由其隘與不恭,而吾儒之與古爲徒者,遂入於畸人之流派,是使半生之聰明材力,盡消磨於逞奇好異之心也。君子至此,能勿後悔乎?是以隘與不恭,君子不由也。

題爲不善學夷惠者説法,非貶夷惠也。君子即孟子自謂也,不由即私淑孔子之時中也。文看題獨見真切,筆亦能達。(原評)

天之高也,星辰之遠也,苟求其故,千歲之日至

(黎觀察課正取三名)

趙鑾揚

高遠亦有故也。試即日至,以驗其久焉。夫莫高於天,莫遠於星辰,然猶有故在也。彼千歲之日至,不即自此以求之乎?且世之予智自矜者,挾其窮高極遠之思,鮮不謂別創新奇,始足獨有千古矣。豈知無窮者孰如大造,而著明懸象,並未聞異數之經躔。自然者既有定程,則往古來今,盡歷溯太初之甲子,仰觀之下,常度在焉。彼窮高極遠者,其亦思時序循環,固如是之亙古常昭耶?吾願智者求其故,如禹之行水,誠以非禹之智,則千古隨刊之日,猶是千古懷襄之日也。雖然,論智者之事,以大小爲衡,而窮智者之量,必以高遠爲極。凡物雖高,猶有加乎其高者,必不能奪好高之意。惟舉一高無與並者,而重之曰天,則階不可升,昭昭何及?管雖可測,

渺渺無憑。統三百六十五度而運轉無窮,恐智者雖馳騖高明,究難陟漢凌霄,上測化工之妙。凡物雖遠,猶有過乎其遠者,亦不能屬務遠之心。惟舉一遠莫能及者而重之曰星辰,則東井可聚,久而難稽,北極可居,虛而無薄,經二億三萬餘里而森然列布。恐智者雖馳情遠大,要難分章抉漢,妄窺列宿之躔。以是言高,以是言遠,好高務遠者烏能求哉?然而無定者象也,有定者度也。有定而若無定者,古今之遞嬗也;無定而仍有定者,來復之天心也。此蓋有故在焉,特難爲不求者言耳。苟求之於陽長陰消之數,右何以轉,左何以旋?不必巧奪天工,而成歲定時,何妨溯殷丑夏寅而上。苟求之於日次月紀之餘,珠何以聯?璧何以合?不必源探星宿而要終原始,曷弗驗履端正始之時。千歲之日至,不即自此以求之乎?且夫彗孛飛流,今歲之昭垂,豈即前歲所有,必執此以求,似其故亦甚無憑。不知日至者,即天之正朔也。姑無論日甲子歲甲寅,大撓實授時之祖。即以日至考之天覺,夏禹之日至,朔在甲寅,太甲之日至,朔在乙丑。天道十年,不無小變,而即其變以求其不變,雖極之千歲之久,總有此一元復始之期,先王所以象閉關也。彼好高者,何必布象於渾儀,何用侈談乎宣夜?抑災祲薄蝕,一歲之示象,詎與往歲相符?必執是以求,似其故倍覺難恃。不知日至者,又星辰之元會也。姑無論爲三統,爲三紀,後世多聚訟之談。即以日至考之星辰,覺堯典之日至宵在虛宿,月令之日至旦在軫中。星辰度數,歲有常差,而即所差以求所不差,雖極之千歲而遙,總有此七曜會歸之候,黃鍾所以爲定律也。彼務遠者,何疑乎世有升降,何論乎時有後先,可坐而致。天道且然,況人事乎!

    含縣邈於尺素,吐滂沛乎寸心。(原評)

故觀於海者難爲水，遊於
聖人之門者難爲言

（林都轉課正取一名）

王兆蓉

聖人亦一海也，遊之者其知之矣。夫水莫大於海，海以外無水，豈聖門以外尚有言乎？此其故惟遊之者知之耳。嘗思兌爲澤，又爲口，澤止水者也，口出言者也。以此知天下之言，無不可作水觀也。顧理合而衆分之，著書立説，其言亦具有淵源，而理百而一匯之，翕受兼收，其言且茫無涯涘。自六經折衷於聖人，而支流之緒論羣息喙矣，而要非身歷其境者不知也。登東山而小魯，登泰山而小天下，聖人之高也。然而學聖人者，不能以德比聖人之高，徒以言竊聖人之似，謂夫河海之於行潦，亦類也。嘻，果類乎哉？盍觀夫海，盍觀夫水？大海之於衆水，淺深異致矣。大小攸分矣。然試進斯人而語之曰：江之永，漢之廣，不足以爲水。人必笑其妄。又試進斯人而語之曰：九河之浩淼，淮泗之奔騰，亦不足以爲水。人必斥其狂，謂水豈有大於此水者，而誣水也，而蔑水也，而難爲水也。似一言水，即已歇觀止者，其故何也？曰：境不極則隘，理不較則混，見不廣則拘，亦未觀於海焉故也。且夫匯百川而宏其量，水以海爲歸；統百家而綜其全，言以聖爲至。夫聖門之有言也，豈惟是一知半解、單辭隻義之傳誦云爾哉！其以性天爲發源，則淵乎莫測也；以道德爲涵蓄，則茫乎無涯也；以輔世立教爲津梁，則澤及生民也；以黜邪崇正爲崖岸，則流及後世也。予未得爲聖人之徒，竊謂天下之大觀盡於此焉，而況遊於聖人之門者乎？間嘗緬想闕里，遙溯薪傳，三千七十子之徒，莫不分聖人之緒餘以自見，誰則無言

者？然而商瞿受易，未聞闡其義於假年；漆雕習書，未見衍其説於
祖述。使序詩如子夏，欲抉過庭訓子之精；嫻禮如子華，欲傳拜下
事君之義。即褒貶所加，游夏亦贊一辭焉，豈不戞戞乎其難之哉！
然而濫觴之輩，方且顯冒聖人之名；蠡測之徒，方且隱樹聖人之敵。
其故何也？曰：境不極則隘，極之以聖人，而後知聖人之門，直爲百
谷之王耳；理不較則混，較之以聖門之言，而後知天下之言，不過涓
滴之細耳；見不廣則拘，廣之以遊聖人之門，而後知日聆聖人之言，
乃有望洋之歎耳。彼箋註聖經萬言徒費，其歧出之派耶？抑溝澮
之盈耶？不知聖之大，請東遊而觀於海。

　　波瀾老成，意境清澈，精心結撰，氣足神完。講下入手獨清，
識力俱老。中段落子鏗然，後段融洽分明，神迴氣合。（原評）
　　一路峻折，山盤水伏，老泉慣用此法。（又評）

孟子曰：君子之所以教者五：有如時雨
化之者，有成德者，有達財者，
有答問者，有私淑艾者。此
五者，君子之所以教也

（劉觀察課正取一名）

趙鑾揚

　　教亦多術，君子無棄人也。夫君子之教，無乎不有者也。舉五
者以明其所以，曷嘗有棄人哉？且戰國有孟子，雖不獲受教杏壇，
親見因材之善誘，猶得以私淑諸人，上接聞知之統者也。因本願學
之深心，備舉聖人之至教，曰：無類者教之量，品無分優絀，天下盡
在門牆；曲成者教之方，時無論古今，萬世胥歸陶鑄，上達出其中，
下學出其中，即曠代相感者亦出其中。約略計之，其教思爲無窮

矣。不然,教以賢愚異,斯世何以共裁成? 教以時勢殊,後人何以欽模範? 是不知君子之教,更不知君子之所以教也。吾思其教不有五乎? 使天資盡聰敏,則師教亦可以無庸。無如誕降難同,幾於上者機宜暢,亦性宜彌;等而下者才貴充,亦疑貴釋。況乎後學之取資,尚猶有待,苟化裁無術,奚以作天下後世之師? 使學力無淺深,則教術亦何難畫一。惟是功能各具,賴轉移者,或盡神而或盡性;資啓迪者,在致用又在致知。矧復淵源之遙託,尚有傳人,故引掖多方,乃克當繼往開來之任。試觀夫體用已明,未融一間,鼓舞所及,頓闢新機,此教之神也,則有如時雨化之者。其次則天性雖優,尚資克復,涵養未熟,猶貴陶鎔,此教之大也,則有成德者。其次則化不可爲,斂才就範,德雖未至,率履罔愆,此亦教之至也,則有達財者。他若理資啓發,隅待反三,語必精詳,端宜叩兩,是答問者也,教之所廣者有如此。至於百里聞風,爭相興起,千秋遺範,共仰儀型,是私淑艾者也,教之所傳者有如此。此五者,一見其體天地之心焉。兩間之滋生何限,而風雷水火,無在非栽培萬物之資。君子則體天地之心爲心,故蓄積深者,變化無形,性天厚者,裁成有術,材藝優者,通達咸宜。加以耳提面命,不憚周詳,代遠年湮,如親授受。舉大造之所不齊者,涵育薰陶,一一悉歸其胞與,此何如善教乎? 誨人而不倦也,不足補造化之缺也哉? 一見其本帝王之量焉。盛朝之樂育何窮,而禮樂兵刑,無在非培養人才之具。君子則本帝王之量爲量,故引導神而時當其可,剛柔克而德葆其全,擴充至而財勝其用。加以堅能攻木,詔示維殷,學足傳薪,心源共接,舉朝廷之所未及者,漸摩濡染,時時胥荷其甄陶。此何如聖教乎? 妙造其自然也,不大開庠序之化也哉? 此君子之所以教也,豈有棄人耶?

局陣謹嚴,詞意縣密。(原評)

孟子曰：人皆有所不忍，達之於其所忍，仁也；人皆有所不爲，達之於其所爲，義也

（劉觀察課正取一名）

解開元

大賢欲人全仁義，在知其所達而已。夫不忍不爲，各有其所，而汨之於所忍所爲，則仁義失矣。孟子欲人全仁義，亦惟知所達可耳。且天下無生而不仁不義之人，其不仁不義者，大抵皆自外於仁義者也。因其自外而謂之不仁不義可，謂之本不仁本不義則不可。善全仁義者，始焉葆其所固有，而不汨其所本無；繼焉推之於所本無，乃克完其所固有，是在靜驗之而漸推之爾。孟子欲人之全仁義，而慨然曰：天下有仁義，即有見仁義之所也。亦更有汨仁義之所也。使以汨仁義之有其所，而遂忘仁義之自有其所，非惟不知仁義也，不幾昧人之所以爲人哉？溯降衷之始，仁義根賦畀而來，故其所發見者，實有純而無疵。惻怛之良，觸之即動，羞惡之隱，感而遂通，此不忍不爲，明明爲仁義之所見端也。然而自有之，多自失之也。論習染之私，仁義爲物欲所蔽，故其所牿亡者，實愈陷而愈深。天爵本尊，人欲敗之，正路當由，歧趨惑之，此所忍所爲，明明爲仁義之所消鑠也。然而失之易，亦全之易也。夫自人有所忍，幾疑不忍之或有或不有也；人有所爲，幾疑不爲之或有或不有也。而抑知人皆有所不忍乎？人皆有所不爲乎？驟以仁義望人，而仁每間於所忍，義每間於所爲。不知所忍間吾仁而留吾仁者，尚有不忍也；所爲間吾義而留吾義者，尚有不爲也。由所留以通其所間，夫何間之不可通乎？日以仁義勉人，而所忍有時阻吾仁，所爲有時阻

吾義。不知所忍阻吾仁而肇吾仁者，尚有不忍之所也；所爲阻吾義而肇吾義者，尚有不爲之所也。由所肇以導其所阻，夫何阻之不可導乎？此達之謂也。然則視仁義爲甚難者，非也。不忍不爲之念，人人各足，一自有所忍所爲者樹之敵，而不忍不爲之所特偏端耳。然所幸者有此偏端也。由一事達之事事，由一時達之時時，而不忍不爲乃自此得其所矣。得其所而仁義乃可由偏以幾於全矣。然則視仁義爲甚遠者，非也。所忍所爲之事，盡人不免，苟不窮所不忍所不爲者之究境，則不忍不爲之所特偶然耳。然所恃者有此偶然也，以還所本有者順爲達，以制所本無者逆爲達，而所忍所爲乃自此失其所矣。失其所而仁義乃可由偶以見其常矣。求仁義者，盍審諸？

解題的當，字字搜剔，雷霆精銳，冰雪聰明。（原評）